見えないから、気づく

浅川智恵子
Chieko Asakawa

（聞き手）
坂元志歩
Shiho Sakamoto

ハヤカワ新書 013

目次

第1章
失明によって奪われたもの、奪われないもの

人生では、何かを失う時が必ず訪れる。大切な人との別れだったり、親との別れであったり、仕事を失ったり。

どう考えてもこれは乗り越えられないと思う時も、生きていればどこかでやってくる。

私にもあった。私の場合はオリンピックの選手になりたいと思っていた小学生の頃、ほんのちょっとしたことがきっかけで夢と視力を完全に失った。

今でもうまく語れないことがあるくらい、どう乗り越えたらよいのか本当にわからなかった。

悩み続け、進んでいる方向が前かどうかもわからない状況で、とにかくがむしゃらに先に進んだ。

やがて組織やさまざまな人々、そしてテクノロジーとの出会いが私に光をもたらし、障害は強みに変わっていった。途方に暮れて先が見えなかった私が、世界的IT企業のIBMで最高位の技術職であるフェローや日本科学未来館の館長といった大役を任せていただけるようになった。

普通の私が歩んだ道のりと、テクノロジーで目指す未来についてお話ししたい。

私と同じように喪失から立ち直ろうとしている誰かの心と未来に、小さな灯りがともることを願っている。

視力と夢を失った日

子ども時代のはっきりした記憶の一つは、小学校4年生の時。以前、家族に連れて行ってもらったスケートをもう一度どうしてもしたくなった。その一心で、家から一人でバスに乗り、地元の駅から大阪の梅田駅まで電車に乗り、駅から10分ほど歩いてスケートリンクへ行ってスケートをした。一人で行動することに不安や躊躇《ちゅうちょ》はなかった。幼い頃から自立心の強い子どもだった。なぜこれが印象に残っているのか。その後私が一人で自由に出かけられなくなったからだと思う。

スポーツが大好きで、学校が終わればランドセルをポイッと家に投げ込んで、走って公園に出かけていた。鉄棒に片足を引っかけてグルグル回ったり、近所の男の子に交じって野球をしたり。勉強をした思い出はあまりない。とにかく毎日走り回っていた。

転機が訪れたのは小学校5年生の時だった。幼い頃からの夢だったオリンピックに出るために、水泳教室に通いたいと考えた。昔から目的達成のための手段をまず考える、そういう子どもだった。だから夏休みは水泳教室に通うことにした。水泳は楽しかった。みるみる上達し、速く泳げるようになっていった。

夏休み明けの水泳の授業の時だ。水泳教室では、プールを縦に使い25メートルの方向でいつも練習していた。体育の授業では短い12・5メートルほどの横方向を使って練習することになった。水泳教室で習ったように腕を遠くまでグンと伸ばし、思い切りかくとスッと前に進む。クロールで重要なのは腕の動きだ。3、4回目に腕を上げた時に息を継ぐ。このリズムも大事。

もう真ん中くらいまで進んだだろうか？　顔を前方に上げると、そこにはプールの壁があった。しまった！　と思う間もなかった。泳いでいた勢いのまま、プールの壁に右目の下を強く打った。想像していたよりも、速いスピードが出ていたようだ。右目の下が少し青くなっていた。

信じられないことに、たったそれだけのことが失明するきっかけになった。

事故が起きたのは9月。その時にはまだ両目とも見えていた。左目が利き目だったのかもしれない。特に不自由を感じることもなく、右目を壁にぶつけてしばらくは目が見えなくなってきていることにも気づいていなかった。

この9月はスポーツ少女待望の運動会がある。足がそれなりに速かった私は、やはり足が速いと評判の高い子と花形のリレーで対決することが決まった。絶対に勝つ。俄然《がぜん》やる気の出るシチュエーション。もちろん勝つべく練習した。何事も準備がものを言うのである。

いよいよ運動会当日。一番手で駆け抜けて、バトンを渡すことができた。練習はみごとに実を結んだ。

これがスポーツ少女最後の見せ場となった。

右目に異変を感じたのは10月頃のこと。病院に行ったのは、結局11月になってからだった。9月の事故から2か月が経過していた。病院へ行くとすぐに入院が決まった。医者が言うには視神経萎縮《いしゅく》（緑内障）で、治療のために手術が必要とのことだった。

右目の手術を終えると、今度は左目も見えにくくなってきた。右目の手術前までは、左目は普通に見えていた。左目の手術も必要ということで、左目も手術を受けた。この手術を境に徐々に左目の視力も落ちていった。

手術から3年後にあたる14歳の時、両目から完全に光が失われた。

左目の手術を行わなければ、少しは見えたままだったのではないかと思わないでもない。しかし今更そのことを考えても仕方がない。ここからＩＢＭという会社に入社するまでの期間は、目の見えなくなった自分を受け入れ、限られた情報の中で先のわからない将来を模索する長く暗い日々だった。

教科書を丸暗記するしかない

地元の公立中学校にそのまま上がることになったものの、戸惑うことばかりだった。当時は、特に何のサポートもない時代だったので、周りの生徒と同じ環境で授業を受けた。教科書に書かれた文字はもちろん、図も、黒板の板書も読むことができない。ただただ音だけが耳に流れ込む。一人で学校に行くこともできず、一人では教科書も読めない。好きな場所に気軽に行くことができる自由は、もうなくなってしまった。

中学校に通い始めた頃、何の訓練も受けていない私は一人で歩くことができなかった。そこで、友だちと待ち合わせをして一緒に通学してもらうようになった。自分で移動する手段、そして自ら情報を得る手段、その両方を目が見えなくなったことで失った。ちょっと専門的に言うならば、自分で自由に動き回る移動のアクセシビリティと自由に情報にアクセスできる情報のアクセシビリティ、この両方を失明で失った。

失ったのはそれだけではなかった、何をするにも友だちにお願いしなければならない。トイレにも一人では行けなかった。友だちはみんな優しかったのでたぶん何の抵抗もなく手伝ってくれていたのだと思う。それなのに、私は内心とても引け目を感じていた。私は彼女たちの役にほとんど立たないのに、彼女たちはいつも手助けしてくれる。そのことが申し訳なく、とても悲しかった。自立しなければ、他の人とイコールな関係になれないんだ。目が見えていたら……。仕方のないことなのに、自分自身を受け入れられなかった。

中学時代、なかでもいちばん苦痛だったのは体育の授業だった。走りたかった。いつも見学。走る音、歩く音、跳ねる音、笑い声。近づく音、遠のく音、乾いた土の匂い、雨の近づく匂い。世界は前と変わっていないはず。それなのに体育館の隅や校庭の端はひどく閉ざされていた。それでも匂いを感じ、音は聞こえる。空間の広がりは感じるのに、風を切ってバトンを渡していたあの瞬間がひどく遠い出来事のように思えた。閉塞感だけが延々と続いていくような、やるせない焦《あせ》りがつきまとった。

それでも学校には通い続けた。

教科書が読めなかったので授業を聞いていてもよくわからなかったが、英語には興味があった。そこで中3になった頃から英語の教科書をテープに吹き込んでもらい、それを丸暗記しようと思いたった。英語の時間、教科書を朗読する順番になったところですっと立ち上がり、続きをきっちり暗唱してみせた。先生は驚いて言葉を失っていた。まさか教科書全部を暗記してくるとは思いも寄らなかったのだろう。暗記するのは大変だったが、これは続けていこうと思った。

サポートしてくれる先生も現れ始めた。数学の先生は触るとわかるグラフを手製で作ってくれた。周囲も少しずつ、視覚障害者という存在に慣れていったのかもしれない。サポートしてくれる友だちも増えていった。そんなこともあって、中学3年生になる頃には、勉強の面白さにも目覚めた。

暗黒の中学生時代

高校をどうするかは、自分の中でもう一つの大きな問題だった。義務教育ではないから、無理に高校に行かなくても良い。

勉強は楽しくなってきたが、当時、視覚障害者にとって公立の普通高校を受験することは事実上不可能だった。障害の有無による分け隔てのない社会を実現するため「障害者差別解消法」が制定され、公立高校での受け入れに道が開かれたのは2013年6月、ほんの10年ほど前のことだ。もちろん盲学校（視覚特別支援学校）に行くという選択もあったが、決心がつかないまま時間が過ぎた。

ダイバーシティ（多様性）といった考え方も全く知られていない時代だった。とても親切な人がいる一方で、そうではない人もたくさんいた。目が見えていた時代があっただけに、白杖《はくじょう》を持った人や盲学校に通う人に周りの人たちが向けていた視線や心ない言葉が記憶の片隅にあった。白杖を持って歩き、社会参加していくことの大変さは、10代の私でも薄々理解していた。

リレーで負かしたあの子は、陸上の強い高校へと進学する、そんな話を聞いた。周りの友だちはみんな普通の高校に行くのに、自分だけが特別な学校に行かなければならない。盲学校に通うことを決めれば、いよいよ自分は本当の意味で視覚障害者になる、そんな気がした。視覚障害者としての自分を受け入れる心の準備ができていなかった。変わりゆく自分への戸惑いと迫られる決断。情報が閉ざされた中で生きていくことへの焦り。まだ15歳、まさに暗黒の時代だった。

悩み抜いた日々の末、もう一度風と走る

結局、盲学校に入学するかどうかを決めるギリギリのタイミング、第二次募集を締め切る4月まで迷い続けた。迷って、迷って、迷い続けて、最後の最後で盲学校へ通うことを決めた。

どうして決心がついたのか？　家で悶々と過ごしていても、何も起こらない。この時期を過ぎれば、少なくとも1年はこの状態にとどまることになる。中途半端にはもう生きられないのだ。目が見えない自分を受け入れる。選択肢は他になかった。

両親は黙って見てくれていた。盲学校へ行きなさいとも、行かなくていいとも何も言わなかった。自分で決めさせてくれた。もし何か言われていたら、反抗していたかもしれない。負けず嫌いな私の性格をよくわかっていて、何も言わずにいてくれた。黙って見ていてくれて、自分で決めさせてくれた。私が決めたら、それに何も言わずに協力してくれたことに感謝しかない。

4月20日頃、いよいよ盲学校での生活の始まりだ。意を決して登校すると、拍子抜けするほど普通だった。教室に入ると、みんな普通におしゃべりし、笑い声があふれていた。なぜあれほどまで悩む必要があったのかと、少し笑えるような泣けるような気持ちになった。

さらに嬉しかったのは陸上部に入り、再び走れたことだ。視覚障害者であっても、短距離、中距離、マラソンなど、陸上競技が楽しめることを盲学校で知った。もう一度風を切り、走ることができるようになった。

大阪には「大阪市長居《ながい》障がい者スポーツセンター」という施設があり、スキー教室にも参加した。スキーの場合は、自分の後ろをコーチが滑っていて、後ろから「右！」「左！」という指示が飛ぶ。ところが、コーチは右に曲がることと、右足でスキー板を踏み込んで左に曲がることを混同して「右！」と指示を出すことがあったので、勘で方向を決めていた。そのためあと一歩で大けがというところまでいったこともある。

しかし、たいていの場合はすんでのところで難を逃れることができた。スキーを滑る時の顔をかすめる清涼な風が気持ちいい。コーチは、教室が終わる時に「君が目が見えないとは周りの人は誰も気づいてないよ」と言っていた。基本的に運と度胸はある方だ。奪われた時間を取り返すように、勉強そっちのけでとにかくやりたいことを精一杯やった。

盲学校には独特の授業があり、その中に一人で歩く練習もあった。

まず、道路が紙から少し盛り上がっていて、曲がり角や直線の長さが触ってわかる「触《しょく》地図」を渡され、道順の説明を受ける。2個目の角を右に、その次の角をまた右に曲がって、グルッと回って学校の校門まで戻ってきてください、というような指示が出され、1人の先生に3、4人くらいの生徒がついて練習を行う。

元々目が見えていた私には、周囲の状況がイメージできた。そこでかなり順調に学校まで戻り、ゴールに着いて後ろを振り返ってみると誰の気配もない。しばらくして先生が走ってきて「先に教室に戻っていて！」と叫んでいる。どうやら残りの人たちよりもかなり早くゴールしてしまったらしい。歩く練習は本当に得意だった。

盲学校では、視覚障害者として日常生活を送るために必要な白杖の使い方や点字の読み方を学び、失っていた移動のアクセシビリティと情報へのアクセシビリティを少しだけ取り戻すことができた。

驚くほどの能力を持った生徒たちに囲まれて

とても印象に残っているのは、盲学校に驚くほどの能力を持つ人たちがいたことだ。私は途中から失明した中途失明者だが、生まれた時から目が見えない人もいる。そうした人たちは、みんな点字を驚くほどの速さで読むことができた。1文字1文字をたどっていくのではなく、指を横にスーッと滑らせるだけで読むことができるのだ。

私の場合は、今でも点字を1文字ずつ上下になぞるようにして読んでいく必要がある。点字は2列3行の計6個の点が1セットで一つの文字を表現している。点字を読む場合、この点（周囲より盛り上がった部分）の位置を指で認識し、言葉に変換していく必要がある。

母音を示す位置は決まっており、そこにカ行、サ行、タ行……を示す点を足すことで五十音を表現できる。たとえば「か」なら母音の「ア」を示す左列1番上（1）と、カ行を示す右列の3行目（6）に点がつけられ、「さ」なら先ほどの左列1番上（1）と「サ行」を示す右列2行目と3行目（5、6）に点がつけられる。濁音や半濁音の場合は、それを示す点

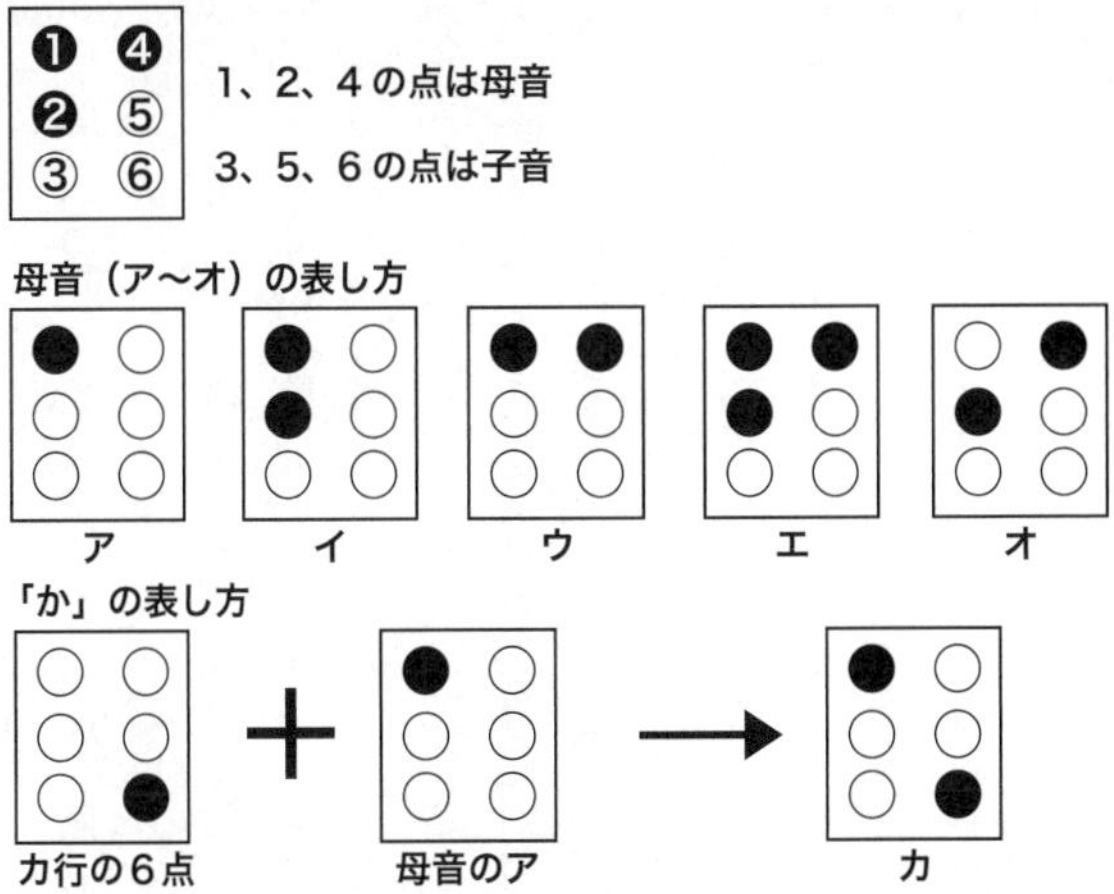

図1：点字はひとマスが6個の点でできている。どの位置に点があるかで、何の文字を示しているかがわかる。母音以外の仮名は、たとえばカ行を示す6の点と母音のアを示す1の位置に点があることで「か」となる。同様に「き」ならカ行を示す6の点と母音のイを示す1と2に点がつけられる。

字が先で、続いて仮名文字の点字がくる。

　6個の点で表現する点字は原理上2^6＝64文字しか表現することができない。そのため同じ点字を仮名やアルファベット、数字で共有している。そこで、アルファベットや数字の始まりを示す点字が決められており、その点字が文字の種類の切り替えを表す。漢字も考案されてはいるが普及しておらず、通常は仮名表現が使われている。

　つまり視覚障害者は文章を読む場合、仮名で書かれた文章から推論して内容を把握することを日常的に行っている。指先で仮名を判別し、次に文脈に基づいて仮名から漢字を推測し、さらにそれらを文章として理解する、といったように、いくつもの段階を瞬時に行って内容を把握している。

先天的に目が見えない人と、自分の点字を読む速度の差はどこから生じるのか。とても気になっていた。後になって調べてみたところ、いろいろなことがわかった。点字をスムーズに読むための「臨界期」のようなものが存在するらしい。

臨界期とは、成長の過程の中で、外からの刺激に対応した脳の回路の組み換えなどが最も効果的に行われる限られた時期のことで、音感や言語などには臨界期が存在することが知られている。たとえば有名なのは絶対音感で、一般に6歳を超えると絶対音感を習得するのは難しいと言われる。点字を読む際の指の繊細な感覚と、脳の言語領域を結びつけるのには、脳の発達段階に沿った限界の時期があるそうだ。

どの感覚器からの入力が脳のどの部位で処理されるかはおおむね決まっている。カナダの脳神経外科医であるワイルダー・ペンフィールドが、てんかん患者の手術中にさまざまな場所を刺激して脳の機能分布を発見した。１９５０年代のことだ。つまり私たちの脳では、どの場所が視覚情報を処理するか配置が決まっていると考えられるのだが、どのような刺激がどのくらいの頻度で脳にインプットされるかによって、脳の各部位の役割が変化することが知られている。「脳の可塑性《かそせい》」と呼ばれている。

実際に、生理学研究所の定藤規弘《さだとうのりひろ》教授らは、視覚障害者が点字をどのように〝見て〟いるのかという論文を報告している（*Neuroscientist*, 2005）。視覚や聴覚は本来脳の別々の場所に配置されているのだが、入力刺激の少ない視覚用の場所を触覚が利用するという脳の変化が視力低下年齢が低いほど起こりやすいことを明らかにした。２０１０年のレビュー論文では、定藤教授の論文などを引用するかたちで、こうした変化が起こりやすい年齢として14歳から16歳までが重要だという説を紹介している（*Nature reviews*, 2010）。私が点字を学んだのは高校生になった15歳の時から。この仮説が正しければ、ギリギリの年齢だったのかもしれない。

近年は、特定の感覚遮断が起きると大人であっても失われた感覚を補うように脳の変化が起き、残りの知覚能力が向上するという研究が報告されている。「大人でも点字を読めるようになるが生まれつきの人とは速度が違う」という私の経験と合致する結果だ。

盲学校には、点字だけでなく、それこそ驚くほどの能力を持つ人たちがいた。絶対音感を持ち音楽に秀でた人や、勉強が飛び抜けてできる人もいた。一般に視覚障害者には聴覚の優れた人が多い。だがそのようなレベルの話ではなかった。圧倒されるような天才児たちだった。結果的にそういう人たちは、国立大学などへ進学していくことになる。「普通」である私はここでもどう人生を進んでいくべきかを悩むことになった。目が見えない私がいったいどうすれば自立した生活ができるようになるのだろうか。答えは相変わらずわからないままだった。

英語の辞書が百科事典サイズになる

大学は英米語学文学科（英文科）に入った。盲学校での訓練のおかげで、大学になると両親や友だちに頼ることなく、一人で通学できるようになった。持ち前の順応力で友だちもでき、不便さの一部は友だちが助けてくれるようにもなった。電車に乗ることも、街を歩くことも一人でできるようになったが、容易ではなかった。

情報へのアクセシビリティにも依然として苦労した。無力だった中学生の頃とは異なり、盲学校で勉強し、点字をはじめとした情報にアクセスするためのスキルを身につけてはいた。しかし、大学の教科書はほとんど点字化されていなかった。

先生が選んだ教科書が、まれにアメリカの点字図書館にある場合もあった。ところが貸し出し依頼をしてから手元に届くまでに、なんと半年もかかることがあった。点字サークルの人たちがいくつかの教科について教科書を点訳（点字翻訳）してくれたりもしたが、すべての教科を依頼することはできなかった。点訳が間に合わないこともあった。

教科書がないと授業を聞いていてもわからない。こうなると最後の手段に出るしかない。兄弟をつかまえて、頼み込み、教科書を読んでもらって自分で点訳するのだ。これには大変な労力がかかり、私にとっても辛い経験だったが、兄弟にとっても楽しい思い出ではなかったと思う。時にはまんまと逃げられることもあり、そんな時には途方に暮れた。

英語の勉強で苦労したのは、辞書を引くという最も基本的な作業だ。これも大変な遠回りをせざるを得なかった。現在ならインターネットやスマートフォンで簡単に辞書が引けるが、当時はまだ存在していない。

コンサイス英和辞典という8万語の項目が収録された簡易版の辞書があった。他の辞書に比べて小さくて軽いのが特徴だ。このコンサイスの英和辞典が点訳されていたのだが、全部で71巻もあった。並べるとまさに百科事典のようだった。1巻に収録されている内容は点字200ページ程度である。点字の性質上、文字数が圧倒的に増える。「S」から始まる単語だけでも8巻にもなった。

しかも私は英文科なのだ。コンサイス英和辞典だけでは十分ではなかった。大学が点字版のウェブスター英英辞典を購入してくれた。1冊のサイズが大型化し、全体の情報量が数倍にもなったと記憶している。しかし、これこそ正真正銘の百科事典サイズ。単語を探すために辞典が収納された棚に手を伸ばし、大型の本を取り出しては単語を探して戻すという作業の繰り返し。体育会系の私でも、大型本を抱えて机へ移動できる冊数には限界がある。言葉の意味を知るという目的達成までの距離があまりに遠い。そんな環境で勉強していたためにあまり楽しくなく、大学ではそれほど勉強しなかった。

目が見えなくてもプログラミングならできる⁉

大学の4年間などあっという間だ。卒業後の進路を考えなければならない時期がすぐにやってくる。このまま進学するのか、それとも就職するのか。

この時代、視覚障害者の進路としては「あはき業」と呼ばれる、按摩《あんま》、鍼《はり》、灸《きゅう》を行う仕事や、電話交換手といったものが主だった。2019年の独立行政法人高齢・障害・求職者雇用支援機構の報告でも、視覚障害者が就いている職業は、あはき業が32・4パーセント、ついでビル・建物清掃員7・3パーセント、総合事務員6・3パーセントと続き、現在でもあはき業が最も高い割合を占めていることがわかる。私が大学を卒業した頃の視覚障害者の進路はじつに限られていた。

しかし、私は視覚障害者としての決まったコースではなく、同年代の若者と同様に、自分にしかできない仕事を自ら探しあて、その職業に邁進《まいしん》したかった。自分に適した仕事がどこかにあるはずだと思っていた。普通の大学生と同じように、さまざまな仕事の情報に耳を傾け、自分にできそうなことはないかと考えていた。

専攻が英文科だったこともあり、最初は通訳になれないかと考えた。しかしいろいろ調べてみると、クライアントの業務分野に関する専門用語や背景など、通訳を行う前までにあらかじめ資料を揃《そろ》えて頭に入れておく必要があることがわかった。今でこそインターネットがあり、オンラインでの情報収集がある程度可能だが、当時はそのようなものはなかった。視覚障害者が短時間でアクセスできる資料には限りがあった。ここでも情報のアクセシビリティが大きな壁になることがわかった。自分にはできないと、通訳の道は断念した。

次に考えたのはカウンセラーだった。人との対話が中心となるカウンセラーという仕事であれば、目が見えなくてもできるかもしれない。そこで海外の大学院でカウンセリングの勉強をしようと考えてみたこともあった。

その頃、たまたまテレビで、ある視覚障害者がコンピューターのプログラミングを職業にしているというのを知った。何か新しそう。目が見えなくてもプログラミングはできるんだ。大学卒業後の進路を調べている時に、社会福祉法人日本ライトハウス職業・生活訓練センター（現在の視覚障害リハビリテーションセンター職業訓練部）というところで、視覚障害者のためのコンピューターの職業訓練コースがあることを知った。視覚障害者であってもコンピューターのプログラミングができれば、仕事に就ける。コンピューターの勉強をしたい、と思ったのが新たな苦しみの始まりでもあった。

〝オプタコン〟との闘い

日本ライトハウスではまず適性試験を受けた。結果は、それなりに適性があるという判定だった。そこでコンピューターの勉強を始めることになったのだが、これがまた相当な試練の連続だった。

当時のコンピューターは、まだぎりぎりパンチカードの時代だった。今からは想像がつかないかもしれないが、パンチカードという紙に開けた穴の位置が入力信号であり、これをコンピューターに読み込ませることでプログラムを走らせることができた。コンピューターは1か0かの二進法で情報を受け取ることができ、紙に穴があるかないかで「ある＝1」か「ない＝0」かが決まる。

手順としてはプログラムの下書きをまず点字で打つ。次に点字を読みながらパンチカードに打刻する。出来上がったパンチカードを入力元としてもう一度打刻することで、1回目と2回目の打刻ミスを確認できる。打刻ミスがないことを確認後、カードリーダーを通して大型コンピューターに送る。するとコンピューターからのアウトプットが紙で出力される。だがこれは墨字《すみじ》（点字に対して、印刷された文字のこと）で印刷されるので、当然私には目で見て確認できないため、今度はその紙を読むための「オプタコン」という別の機器を使わなければならない。

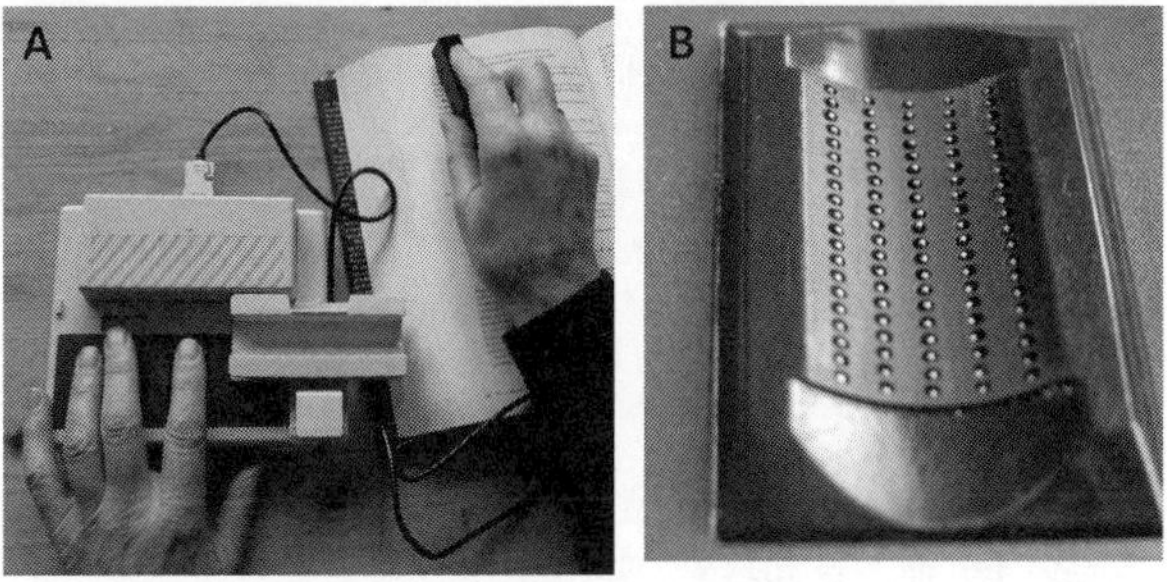

図2：視覚障害者が文字認識のために利用していたオプタコン（Optacon Ⅱ）。Aはオプタコン使用時の様子。黒い棒の先にカメラがついていて、右手で読み取り、Bの振動板で振動により表示される文字を左手の指で認識する。オプタコンは2000年に販売終了となった。Stichting Nationaal Blindenmuseum, Nederland; www.nationaalblindenmuseum.nl

このオプタコンという機器、私は本当に苦手だった。

オプタコンの先端には文字を読むためのカメラがついていて、文字を振動に変換してくれる。右手でオプタコンのカメラを動かし、スクリーンや紙に書かれた文字を読み取る。この時同時に左手の人差し指を振動板のあるオプタコン本体に入れると、文字の形状を振動で伝えてくれる。

そこで今度はオプタコンが人差し指に伝えてくる振動を理解するための練習が必要となる。文字の左端から順に振動として指先に伝わってくるため、小文字のhもkも私の指はまず縦長の棒を認識する。そこから振動がどのように続くかを指先で感じ取り、右下に下がっていけばh、上下に分かれればkというように区別していく。ところがaやc、e、oといった丸まった文字同士を振動で認識するのはとても難しく、相当苦しい作業だった。プログラミングという目的のために、オプタコンという特別な機器の習得まで必要だったのだ。

プログラムを実行して紙への打ち出しが始まると、音でなんとなくうまくいっているかいないかがわかる。うまくいっていないと規則的な音が繰り返されて、予想よりはるかに多いページが印刷されるからだ。ああ、やり直しだ、とがっかりする。いったいどこでエラーが発生したのか、ここでもオプタコンを使い、出力されたテキストから間違いを探し、やり直すことになる。

ビット、バイト、二進法、十六進法、といったコンピューターの基本を覚えることですら大変な上にオプタコンの習得をしなければならなかった。オプタコンの練習として、絵本を読んで書き写すという宿題もあった。深夜までコンピューターの勉強とは何の関係もない童話を“Looking-glass, looking-glass upon the wall, who is fairest of us all?（鏡よ鏡、この世でいちばん美しいのは誰？）”などと夜中に一人で1文字1文字、たどって読んでいると、いつまでこのような練習が続くのかと、とても不安になった。

ここまで読むと、オプタコンという機器はなんと使いにくいものだろうかと思われたかもしれない。しかし、オプタコンは1971年に米国で発売され、パソコン登場以前に視覚障害者の職域の拡大や、教育に貢献したことを伝えておきたい。アメリカでは1分間に80ワードの速さで読める視覚障害者がいたと聞く。私は点字と同様にオプタコンを速く読むことはできなかった。

　こうしてコンピューターとオプタコンと向き合うこと1年。やっと自分が何をしているのかがわかるようになった。それまではただただ必死に言われたことを繰り返していた。日本ライトハウスでの2年間、コンピューターの勉強に明け暮れた。あまりの大変さにくじけそうにもなったが、あきらめるわけにはいかなかった。始めたら最後までやり通す、それしか道はない。これをやめてしまったら、他に何ができるというのか。選択肢は限られている。そう思って必死に取り組んだが、成績は普通だった。ずば抜けて優秀というわけではなかった。ところが、ここから人生が拓《ひら》けていった。

第2章
社会人として、自立の一歩

世界的企業による魅力的な募集

日本ライトハウスでの2年のコースが修了に近づいた頃、ＩＴ企業の日本ＩＢＭが客員研究員を探しているという話が飛び込んできた。

ＩＢＭは１７５か国以上に拠点を持つ世界的なＩＴ企業である。そのＩＢＭが英語のテキストを自動的に点訳するプロジェクトを進めようとしていて、客員研究員を募集していた。プロジェクトのゴールは、アルファベットを1文字1文字点字に変換するのではなく、大学受験や論文、ビジネスなどで使われる省略表現を使った「２級英語点字」へ点訳するプログラムを開発するというものだった。

たとえば This is a pen. という英文なら、普通の点字なら10文字必要なところ、たった6文字の点字で表現することが可能だ。this や but、will といったよく使われる単語は1つの点字で表され、ing、dis、com といったよく使われる文字列も1つの点字に省略される。それだけではなく、たとえば ing の省略形は行頭では使わないといった決まりもある。

ＩＢＭのプロジェクトは、１年の任期付き募集だった。１年後にまた就職活動をしなければならない。見つからなければ経歴にブランクができてしまう。しかし、募集内容は「英語とコンピューターのプログラミングができる人」であり、しかもテキストを自動的に点訳するプログラムを開発するという業務内容。まるで自分のために用意された仕事のように感じた。

また、もし雇用されれば初めての東京暮らしとなり、初めての一人暮らしにもなる。不安だらけだった。でも、私はやりたかったのだ。そう、ＩＢＭでの英語のテキストを自動的に点訳する仕事がしたかった。この仕事に魅力を強く感じた。

仲間たちと働き始める

無事にＩＢＭの客員研究員として迎えられることが決まった。しかし、しばらくは誰とも話さない孤独な日々だった。最初は辛かったがそれは１か月も続かなかった。ＩＢＭの東京基礎研究所は開所したばかりであり、研究所の仲間たちはみんな同年代だった。何かのきっかけで話すようになると、一気に友人が増えた。ＩＴ企業らしく、すでに社内のチャットのようなものがあり、ランチや夕食もそのチャットで連絡を取り合ってみんなでよく行った。映画やスキーにも一緒に行くようになった。

後から聞いた話だが、今度入ってくる客員研究員が視覚障害者であること、つまり私であること、そして視覚障害者と接するのに何に気をつけなければならないか、職場の仲間たちが話し合ってくれていたとのことだった。

たとえば「テレビ観た？」などと聞いて良いのかどうかといったことを話し合っていたらしい。私からしてもテレビは「観る」ものであり、英語でもウォッチTVとは言うがリッスンTVとは言わない。だからテレビは「観る？」と聞かれるのが当然だと思うのだが、視覚障害者以外からするとそういったことも傷つける原因になるのではないかと心配になる、ということを知った。

私を含め、みんな経験がなかった。いったいどのように違いを受け入れていくことが正しいのか。自分たちの行為や言動が、相手からみた時にどのような意味を持つのか。障害とどのように向き合うべきなのか。社会は全くと言っていいほど、こうした議論に不慣れであり、多数派側からはもちろん、少数派側からも、模索はされていなかったように思う。

こうした時代背景の中にあっても、ＩＢＭは驚くほど洗練されていた。入った後に知ったことだが、ＩＢＭは創業以来、障害者支援に取り組んでいた。ＩＢＭの創業は１９１１年。その３年後、１９１４年にはアメリカで初めての障害を持つ社員が雇用された。

そんな社風があったからか、私が入社した日本ＩＢＭの東京基礎研究所も理解のある場所だった。ここには自分の世界を極めようという専門家たちが１００人規模で集まっていた。変な意味での競争はなく、みんな余裕があった。それぞれが専門を持ち、それぞれが互いをリスペクトする社内文化があった。修士号や博士号を持った研究員たちは、みんな惜しみなく自分の知識を仲間と共有し、私ができないことは親切に教えてくれた。英語ができ、点字を扱うという特別なスキルを持った研究員として、対等に接してもらった。もちろん対等であるがゆえの責任もあるので大変な時期もあったが、さまざまなスキルを身につけながら乗り越えた。

ココニイテ、イインダ。

ＩＢＭでの驚きは同僚だけではなかった。開発されたばかりの最新の機器が配備され、それによって情報のアクセシビリティが劇的に改善したのだ。それが音声出力装置だった。

今でこそ当たり前かもしれないが、これは私の仕事の作業効率を著しく向上させた。大型コンピューターの端末から音声が出るしくみが、ちょうど私が客員研究員として入った年にイギリスのＩＢＭで開発されており、研究所は私のためにそれを用意してくれたのだ。

端末が音声合成で文字を読み上げてくれる。このことがどれほど画期的なことかおわかりいただけるだろうか。プログラムの内容も音で確認できるようになった。両手でタイプするだけで、音で間違いを発見できた。メールもチャットも音声出力が可能。同僚たちと、時間的な遅れもなくリアルタイムにコミュニケーションできた。もし、音声出力がなかったら……。オプタコンを使って1文字1文字認識して理解することに多大な時間を費やすか、誰かにアシスタントをお願いして読み上げてもらうしかない。

何より嬉しかったのは、目的とする仕事を行うために、遠回りをしなくて済むようになったことだ。音声出力は、あのオプタコンからの解放を意味した。それまで、仕事の上では本質ではないオプタコンに時間と労力をかけざるを得なかった。晴眼者（視覚に障害のない者）であれば全く必要のない作業だ。音声を使えば、すばやく必要な情報にアクセスできる。音声出力という新しいテクノロジーによって、私はオプタコンにサヨナラを告げることができた。情報取得の手段が音声に変わることで、格段に作業効率は上がった。テクノロジーはこれほどまでに、仕事を含めた生活の質を向上させてくれるものなのだ。

技術開発における多様性の重要性を実感できたのも、この時期だった。ある会議で英語の点訳プログラムの話をした時のことだ。それまで、一言も発することがなかった会議の場で、コンピューターが障害者にもたらす恩恵について無我夢中で話したところ、参加者の一人から思いも寄らない言葉が返ってきた。

「目の見えないあなただからこそ、ユーザーの気持ちがわかるのですね」

この瞬間、自分にとってハンディキャップとしか捉えていなかった視覚障害が、むしろ強みになることを知った。ずっと探し求めていた、自分にしかできない仕事に出会えたのだ。それはハンディキャップだと思っていた視覚障害が、自分の中で強みというものに昇華した瞬間だった。

ココニイテ、イインダ。社会にやっと自分の居場所を見つけたように感じた。誰もが違いを持ち、自分にあるものを使って精一杯生きていけばいい。

正式採用、そして自立への一歩

客員研究員だった1年間で、2級英語自動点訳システムをかたちにし、情報処理学会で研究の報告をした。IBMに入ってから10か月目にして正規雇用の研究員になるための面接を受けることができた。そして、無事に正式採用が決まった。

嬉しかった。本当に。正式採用が決まらなければ、この先新たな仕事が見つかるかどうかもわからなかった。

正式に社員になれた時、やっと自分自身の人生が始められると思った。視覚障害者として、自立して生きることが誰とでも対等に付き合っていくために必要だった。

点字情報ネットワーク「てんやく広場」

今にして思えば、ＩＢＭに入った時期は絶妙だった。音声出力端末が製品化されたのはちょうど客員研究員として入ったその年だった。もしも入社が1年早かったら、状況は全く違っていただろう。いずれにせよ、ここから大きく運命が動き始めた。

80年代後半からは、客員研究員だった頃の仕事を発展させ、点字のデジタル化プロジェクトに取り組んだ。今でこそ点字はデジタル化され、コピーを取ったり、音声で聞いたり、印刷をしたりと簡単に扱えるようになっているが、当時は全くそうではなかった。書籍を点訳する場合、書籍を見ながらボランティアの方が点字タイプライターを使い、1文字1文字点字用紙に打ち込む必要があった。

点字のデジタル化プロジェクトを始めたのは、パソコンが一般向けに出回り始めた時期だった。キーボードの6個のキー（たとえばf、d、s、j、k、l）に点の位置をf＝1、d＝2……のように割り当てることで、点字を入力し、編集する点字編集システムを開発できた。こうして点訳されたデータは点字プリンタで出力できるようになった。

点字のデジタル化がうまくいき始めると、今度はデジタル化したデータを手元にとどめておくのはもったいないので共有するためのネットワークシステムを構築した。これは、「てんやく広場」と名付けられた。全国の点字図書館やボランティア団体をネットワークでつなぎ、点字データを共有できるようにしたのだ。

この「てんやく広場」の運営には、点字図書館やボランティア団体の方々が積極的に加わり、ＩＢＭとともに活動を行った。このシステムを利用することでタイムリーに、必要な情報もその日のうちに全国で共有できるようになった。

この時作った点字編集システムは、現在広く使われている点訳用ソフトウェアのベースになっている。

当初、開発にあたって気をつけたのは、初めてパソコンを使う40代から60代を中心としたボランティアの方々が、戸惑うことなく点字入力できるようにすることだった。そのため、最初の画面には点字入力・編集に必要なメニューだけを表示するようにした。また、それまで使っていた点字タイプライターと同じ感覚で入力できることを目指した。点字タイプライターに似た専用の点字キーボードを作り、より多くのユーザーに受け入れられるデザインにしたのだ。

こうしたテクノロジーは、最初のステップが難しくては決して広がらない。普通の人がなるべく抵抗なく使えるようにしないと普及は望めず、それは世の中を変えられないことを意味する。

デジタル図書館が暮らしを変える

「てんやく広場」が少しずつ普及していったとはいえ、この時代はまだまだデータの送受信に時間がかかった。この頃はまだ今のようなインターネットはない。モデムという機器を使って、電話の通信システムを利用して、データの送受信を行っていた。モデムが接続される時ピーヒョロヒョロ～♪という音が聞こえる。その後ファイルの送受信が始まり、1冊の書籍をアップロードしたりダウンロードしたりするのに数時間かかることもあった。

それでも、大学生の頃、アメリカから本を取り寄せるのに半年かかることもあったことを思えば画期的な進歩だった。「てんやく広場」は1988年にIBMが社会貢献活動として開始し、1994年には運営がIBMから点字図書館に引き継がれた。何より嬉しかったのは、この「てんやく広場」のシステムが日本の点字図書館で日常的に使われるようになったことだ。

今ではこのシステムは、インターネット上に公開されたデジタル図書館として発展を遂げている。「サピエ図書館」と呼ばれていて、日本全国で約2万人のユーザーがこのシステムを利用し、点字化、音声化された情報にアクセス可能になっている。

かく言う私も一人のユーザーとして日々愛用している。新作の本も比較的早く入手できるようになった。アメリカにも同様の視覚障害者のためのデジタル図書館が存在する。「ハリー・ポッター」が日本語に翻訳される前に私はここからいち早くダウンロードして新作を読むことができた。娘にハリー・ポッターの新作の内容を教えてあげようかと言うと、ものすごく嫌がられた。私の方が先に内容を知っている！　鼻高々である。

このような会話は、視覚障害者にとってインターネット上のデジタル図書館ができるまでは難しかった。好きな作家の新刊の内容を話し合う。ちょっとしたことではあるが、みんなと一緒に読書を楽しむ喜びの誕生だ。生活はこうした小さな喜びの積み重ねからできているのだと再認識できた。

「サピエ図書館」を利用することで、話題の本も、大きく取り残されることなく視覚障害者も楽しめる。さらに今ではスマートフォンなどに音声読み上げ機能が標準でついているので、デジタル書籍を購入することで欲しい情報をいつでもどこでも手に入れられる。テクノロジーが障害者の暮らしをワンランク押し上げた、これもまた一つの例だ。

すべての視覚障害者にインターネットを

1990年代に入ると、いよいよインターネットとウェブが登場した。

この衝撃は忘れることができない。私が最初にインターネット上のウェブサイトにアクセスしたのは1995年頃のことだった。

当時マイクロソフトが出していたパソコン用のOS、MS‐DOSの画面を読み上げるDOSスクリーンリーダーを使って、サーバーとデータをやりとりするためのソフトウェアTelnetでUNIXサーバーにアクセスする。次に、UNIX上で動くテキストベースのウェブブラウザであるLynxを使ってウェブページにアクセスして音声で出力した。こう書くと聞き慣れない言葉の連続になってしまうが、要は必要な手順を踏み、複雑な操作をすれば膨大なウェブの情報にアクセスできるようになった。研究所という特別な場所で、専用回線やUNIXサーバーなどのテクノロジーの恩恵にあずかっていた私は、いつでも好きな時に新聞などウェブ上の情報に独力でアクセスできるようになった。

しかしこの頃、一般の視覚障害者はウェブ上の情報へ気軽にアクセスすることは難しかった。視覚障害者の中でもごく一部の専門家やマニアしかインターネットを利用していなかった。その方法は複雑でとてもウェブの良さを実感できるものではなかった。大多数の視覚障害者にとって、ウェブはまだまだ遠い存在だった。

ウェブを使ってリアルタイムに情報にアクセスできるという自由をすべての視覚障害者に届けたい、そう考えるようになった。失明した時の、情報から遮断されたというあの取り残された感覚を、ウェブに関して誰にも感じてほしくない。ウェブという膨大な情報源に誰もがアクセスできるようにしたい。そんな思いから、視覚障害者にウェブ情報を届けるプロジェクトに取り組むことにした。

これは余談だが、ウェブが利用できるようになったことで想定外の事態も起きた。それまでは、わからないことは研究所にいるさまざまな専門家に教えてもらっていたのだが、「ウェブで調べればいいんだよ」と言われるようになった。晴眼者と同様に情報にアクセスできるようになったからこその変化でもあった。これも自立へのステップの一つである。テクノロジーのある環境へ自分を慣れさせていくことが、未来への可能性を拓くことになるのだ。

すべての視覚障害者に、ウェブという新たな情報源を届けたい。その思いからできたのが、「ホームページ・リーダー」という私たちが開発したテクノロジーだ。こうして開発したソフトウェアが世界へと広がっていくことになった。

欲しい情報に簡単にたどり着けるためのソフトウェアを開発したい

ウェブページは、ＨＴＭＬというコンピューター言語の一種で書かれている。テキストにタグ付けをすることで意味を与えるしくみになっている。百聞は一見にしかず。ウェブブラウザにはソースの表示機能があるので、それを使うと、そのウェブを作っているＨＴＭＬを確認できる。たとえば見出しは「h（見出しのレベルにあわせて6種類、最大のh1から最小のh6まである）」でタグ付けされている。タグは<>で括《くく》ることがHTMLの決まりだ。「/」はタグ指定の終わりを意味する。<h1>アクセシビリティのすべて</h1>と書かれていれば、**アクセシビリティのすべて**が最大レベルの見出しになる。

このHTMLのタグをうまく使えば、視覚障害者が欲しい情報にすばやくたどり着くためのソフトウェアが開発できるはずだ。そうひらめいた。<h1>タグを拾っていけば、大きな見出しだけを読み上げることが可能になるだろう。本文を読みたければ、<p>（パラグラフ）などのテキスト情報を記すためのタグを拾えばよいはずだ。こんなふうに欲しい情報に少しでも早くアクセスし、それを音声で読み上げる使いやすいシステムを作って視覚障害者へ届ける、それが目標となった。

研究者であり、同時にユーザーでもある私は両方の立場を活かしてホームページ・リーダーの設計方針を決めていった。どこまでの機能がプログラムで実現できるか、また視覚障害者にとってどうすれば簡単にウェブにアクセスできるようになるかが直感的にわかる。これは、私が視覚障害者であり、普通のユーザーとしての感覚を持ち続けているからだと思う。

だんだんとわかってきたことなのだが、私の最大の強みは「普通の人」であるということ。のちに私のチームに加わったメンバーに言わせると、私には「普通の人力《ひとりょく》」があるらしい。

わかりやすく言うと、機器やアプリを使用するのに、どこで人はつまずき、ついていけなくなるかが直感的にわかる。普通感覚がなせる技。

「普通の人力」を持つ私が使いやすいと思うことを、頭の中でシミュレートし、良い点と悪い点を考え抜いていく。私の持つ普通の人の感じる感覚による意見に基づいて、次々とデザインしていく。

この開発を一緒に推進してくれたのは、当時日本語の音声合成エンジンを作っていたＩＢＭのエンジニア伊藤隆さんだった。

スーパーエンジニアは間違えない

視覚障害者である私は、ＵＩ（ユーザーインターフェース）の問題点がわかる。ＵＩとは人とコンピューターやスマートフォンがやりとりをする接点。このＵＩのデザインが製品の使いやすさを決定する。私の腕の見せどころだ。そこで度々伊藤さんと議論し改良を加えた。

プログラムの開発においては、通常いくつもの「バグ」（プログラムの不具合、英単語では虫を意味する bug）が生じる。このバグを見つけ、修正することをデバッグと呼ぶが、デバッグには時間がかかる。バグは新たな改良を加えた時によく起こり、それまで動いていたものが動かなくなったり、バグを修正したことによって、また別のバグが生じることもある。

そこで改良を加える前のプログラムは、消さずに残しておくのが一般的だ。しかし、伊藤さんは様子が違った。バグを出さないし、仕事が早い。私がテストしていて気づいたこと、たとえば次の行や次のリンクに移動した時に、音声で読み始めるまでに時間がかかりすぎると伝えると、次の日には「ちょっと作ってみたんですけれどもね」と言って改善したプログラムを持ってきてくれる。早すぎる。しかも、問題は解決されていた。これは素晴らしいと思った。

私はバグを見つけるのが得意であるが、その得意技を彼とのプロジェクトでは発揮することはあまりなかった。伊藤さんはエンジニアの中のエンジニア、スーパーエンジニアなのだと理解した（以降、伊藤さんのことをスーパーエンジニアと記す）。

人との出会いがホームページ・リーダーを完成へ導いた

スーパーエンジニアとタッグを組むことで、誰にでもわかりやすいUIを目指したホームページ・リーダーの開発は軌道に乗り始めた。

視覚障害者は、ウェブページを見ながらマウスを使ってクリックする場所を選ぶことができない。そこで、数値入力用のキーボードである「テンキー」にさまざまな動作を割り当てることにした。

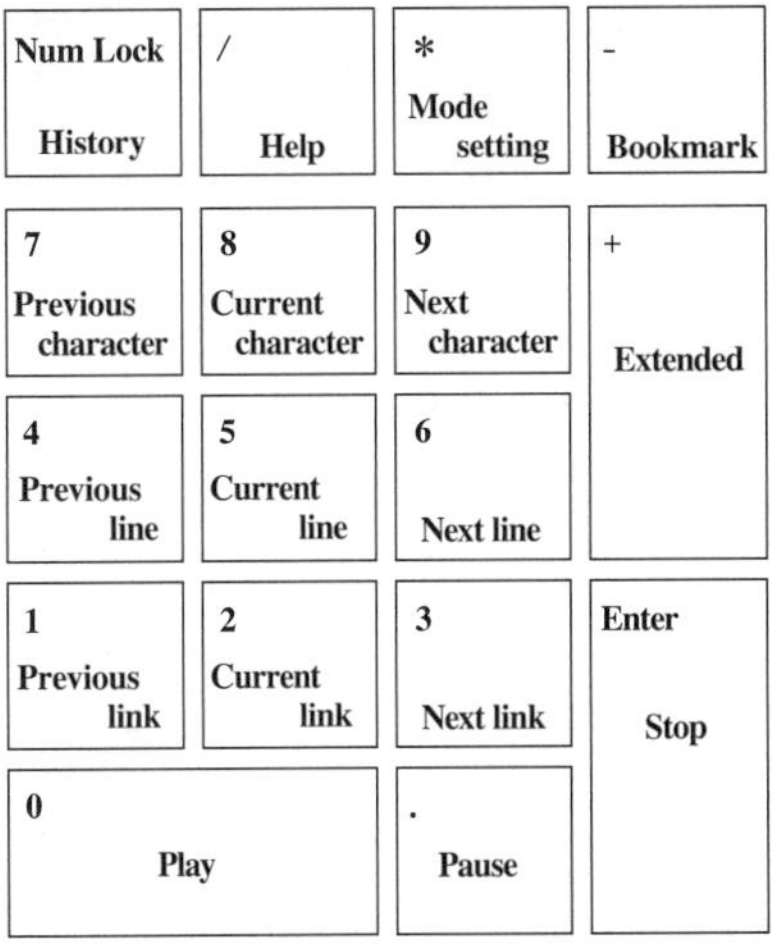

図３：ホームページ・リーダーに利用したテンキーとそこに割り当てた機能の図。たとえば、ボタン「1」が前のリンク、「2」が現在のリンク、「3」が次のリンクへの移動を示す。「0」で音声読み上げが始まり、「.」で一時停止を行う。

たとえば、数字の１、２、３……は、そのページの中にあるリンクを次々と移動していくためのボタンに指定した。新聞社のホームページであれば、政治、経済、社会……といったジャンルごとのリンクがトップページの中に設けられている。次のリンクを意味する「３」を押してリンクを移動していき、目的地である「経済」にたどり着いたら「２」を二度押し、もしくは長押しするとリンク先の「経済」のページが開く。

普通のテキストは男性の声、リンクは女性の声で読まれる。Ｅｎｔｅｒキーで読み上げをストップする。テンキーに通常含まれる17個のキーを使って、ウェブにアクセスするためにマウスで行う基本的な動作ができるように設計した。

また、読み上げ速度を簡単に変更できるようにした。アスタリスクを押すと設定モードになり、「3」を押すと速度が1段上がり、「1」を押すと低速になる。「5」を押せば初期設定に戻る。視覚障害者には、聞き取り能力に優れた人が多い。最近では晴眼者でも倍速視聴をする人が増えてきたが、より多くの情報を短い時間で入手できる高速での読み上げ機能は、とても便利だった。

スーパーエンジニアと私がタッグを組んでおよそ3か月。ようやく外部でテストできそうだとなったところで、当時コンピューターに詳しいことで知られていた視覚障害者の学生のところに恐る恐る試作品を持っていった。

彼もすでにインターネットには自力でアクセスし、日々使ってはいるとのことだった。ホームページ・リーダーを彼に使ってもらう。すると、表が出てきた時にはどうするのか、この場合はどうする、あれはどうする？　と質問が次々と出てきて私が答える。そんなやりとりを繰り返した。最後の最後に彼は一言こう言った。

「いいじゃないですか、やりましたね！」

心の底から安堵した瞬間だった。

スーパーエンジニアとのコンビネーション、そしてテストしてくれた学生とのやりとり、そういった人との出会いがホームページ・リーダーの完成を推し進めた。

ホームページ・リーダー、海を渡る

ホームページ・リーダーのプロジェクトも実を結び、１９９７年についに日本で製品化された。この頃、ＩＢＭの基礎研究所の本部であるトーマス・Ｊ・ワトソン研究所のディレクターのポール・ホーンが東京基礎研究所にやって来た。その際にホームページ・リーダーのデモをしたところ、「これはアメリカへ持っていくべきだ！」と言ってくれた。しかし、これで物事が簡単に進むほど、アメリカ展開は甘くはなかった。

ここで当時のＩＢＭの状況も説明しておこう。その頃のＩＢＭはまだ個人利用のための商品、いわゆるコンシューマー・プロダクトを作って販売していた。たとえば個人向けノートパソコンのＴｈｉｎｋＰａｄは元々ＩＢＭの製品で、しかも日本で開発された大人気商品だった。

しかし、現在のＩＢＭは個人向け商品を廃止し、ビジネス向けの商品のみの扱いに舵《かじ》を切っている。人気製品のＴｈｉｎｋＰａｄも、開発部門を含めてレノボ社への事業売却に踏み切った。いかなる成功を遂げようとも現状にとどまることなく、前へと進め。Change! それがＩＢＭの企業文化である。ＩＢＭがビジネス向けの企業間取引であるＢｔｏＢに移行を始めるのは２０００年代に入ってからのことだ。ホームページ・リーダーはＩＢＭのコンシューマー・プロダクトとしては最後期にあたる製品となった。

トーマス・Ｊ・ワトソン研究所のディレクターであるポール・ホーンがサポートしてくれても、アメリカでＩＢＭの製品になるためには数多くの調整が必要であり、それは私の仕事となった。ホームページ・リーダーのアメリカへの展開の経験を通して、こうしたスキルを身につけることができた。

当時、ＩＢＭの製品のほとんどがアメリカでまず開発されていた。そのため、英語対応に開発されたものを日本語対応に変換するというのが一般的だった。ところがこのホームページ・リーダーは日本で開発した日本語対応の製品を英語対応に変換するという、これまでにないミッションに挑むことになった。

ホームページ・リーダーのソースコードを説明するための会議に出ると、日本語対応のソースコードを英語対応に変換するという、これまで経験してこなかった開発を進めることに、米国ＩＢＭの担当者は戸惑いを感じているように思えた。英語対応することは、それほど難しくないと思われたので、それを理解してもらう必要があった。

米国展開のための会議の中で、想定外のちょっとした問題が発生した。スーパーエンジニアだ。多くの課題を解決してきたスーパーエンジニアが、米国チームからの鋭い質問に、

「Yes, it's really difficult here.（そうです、ここは本当に難しい）」などと正直に答えてしまうので、すかさず私が「It's true, but...（それは正しい、でも……）」と言ってフォローしなければならなかった。

ホームページ・リーダーをアメリカで展開するこの場面で大切なのは、難しさを理解してもらうと同時に、解決可能な問題であることを理解してもらうことである。

そこで、会議前のスーパーエンジニアとの話し合いが重要な仕事になった。米国チームに解決策を提示しようと、前もってじっくりと打ち合わせをした。こうしたネゴシエーションの場面では、相手側の懸念点や許容範囲を見極め、どのような答えをこちらが用意できれば相手側が決断できるかをその都度考え抜いて答えを練る。非言語的な感情表現を察知することも含め、「ネゴシエーション」とは何かを実践的に学ぶ、とても貴重な経験となった。

ついに世界11か国語対応になる

何度かアメリカに出向き、ほぼすべての課題が解け、米国ＩＢＭにホームページ・リーダー開発チームが発足した。その後はスーパーエンジニアが英語対応を日本からサポートし、ようやく１９９９年にアメリカで発売された。そして翌２０００年にはついに世界11か国語に対応した。

製品化に伴い、嬉しいことがあった。それは、視覚障害者向けの製品であるホームページ・リーダーが、限られた専門店ではなく、家電量販店で販売されるようになったことだ。

高速インターネットが普及した今でこそソフトウェアはインターネット上で販売されるが、当時はソフトウェアの入ったCD‐ROMをパッケージにして家電量販店で販売するのが一般的であった。時折歴史的な出来事として出てくる、Windows95が発売された直後の秋葉原の量販店の賑わいを思い起こしてほしい。

こうした家電量販店の売り場に、ごく当たり前のようにホームページ・リーダーが置かれ、他のソフトウェアと同じように手に取ってもらえるようになったことが嬉しかった。また一つハードルを越えられた気がした。

ホームページ・リーダーは世界に開かれた窓

IBMに入り、ホームページ・リーダーなどを世に出すことで、私はプロジェクトを立ち上げ、それを推進し、かたちにするというスキルを身につけることができた。これにはやはり周囲の環境が大きく影響していたと思う。

日本IBMには世界のIBMから多くのリーダーが訪れる。ホームページ・リーダーのアメリカ展開を支援してくれたポール・ホーンもその一人だった。研究開発部門のトップから

IBMの現在、および今後の技術戦略が直接聞けたり、主力製品の開発マネージャーや技術担当リーダーからは製品化に至るまでのプロジェクト遂行上の課題や、どう乗り越えたかなどについて直接話を聞く機会がある。また、実際にメンバーとして開発に携わったエンジニアとも情報交換する機会がある。これらの経験から学んだことすべてが、ホームページ・リーダーの世界展開という一大プロジェクトで実を結んだと感じている。

ホームページ・リーダーを製品化した後、1998年以降には国際学会で発表する機会が増えていった。障害者を支援するアクセシビリティ技術の国際学会へ参加すると、「あなたがホームページ・リーダーの開発者なのね！ ありがとう」と言われるようになった。もしかして私、有名人になっている？ と考えてしまうほど、頻繁に声をかけられるようになったのだ。講演に招待される機会も増えていった。世界中の国々へと飛び立ち、自分自身の行動範囲も大きく広がっていった。

ホームページ・リーダーを製品化して、最も嬉しかったこと。それは製品を使った世界中のユーザーから届いた声だった。「ホームページ・リーダーは本当に簡単。一家に一台持ちましょう」「今日、息子にホームページ・リーダーを渡したら、その日は晩ご飯も食べずにネットサーフィンしていました」。誰もが簡単に使えるソフトウェアとして広がり始めている。嬉しかった。自分の好きな情報にアクセスし、それを楽しんでいる人たちの姿が思い浮かぶ。私がウェブに初めてアクセスした日の衝撃を、好きな時に好きな情報を得られるようになるという喜びを、世界中の人たちと共有できた。

多くのユーザーから届いた声の中で、最も印象に残っている言葉は「ホームページ・リーダーは世界に開かれた窓です」というものだ。情報にアクセスできることが、視覚障害者の社会参加を促進する上でいかに大切であるか、再確認することができた。世界への扉をまた一つ、テクノロジーで開けることができた、そう思えた。

第3章
情報アクセシビリティの新たなる課題

Change! それがIBMの文化

ホームページ・リーダーが11か国語に対応し、世界中に広がったことで、コンピューターの画面を読み上げる一般のスクリーンリーダーも、HTMLのタグを解析してウェブページを読み上げるようになってきた。それまでのスクリーンリーダーは、基本的に画面に表示された情報を左から右に読んでいたので、ウェブページの構造をユーザーが理解することは難しかった。一般のスクリーンリーダーでも、ホームページ・リーダーで使われていた機能が提供されるようになり、ウェブは視覚障害者にとってさらに身近なものになっていった。

この頃より私は、ホームページ・リーダーの仕事を卒業する時期が来たと感じていた。もし私がアクセシビリティ関連の製品だけを取り扱う会社にいたら、ホームページ・リーダーのシェアをいかにして広げるか、さらなる戦略を練る方向もあったかもしれない。しかし、私は研究者である。製品化されたことで、このプロジェクトにおける私の役割は終わった。卒業だ。研究者として、新たな研究テーマを探し、遂行していく。Change! それがIBMの文化である。

人のスキルを見抜く〝超能力〟

ホームページ・リーダーの製品化を進めている間に、ＩＢＭでまた次の出会いがあった。この頃、私は基本的には一人で自分のプロジェクトを進めていた。プロジェクトのタイプに応じて、スーパーエンジニアのようなスキルのある人と組んで仕事をする。そういうスタイルだった。

１９９９年に、新入社員の高木啓伸《ひろのぶ》さんが初めて正式なチームメンバーとなった。彼とはこの時から現在に至るまでともに研究し、アクセシビリティ技術の発展を目指すこととなった。

彼は大学院でヒューマン・コンピューター・インタラクション（人とコンピューターの間のインターフェースに関する研究）を専門として研究してきた。その経験から、障害者を支援するアクセシビリティのプロジェクトに興味を持ち、私のチームで研究することを希望していたらしい。当時アクセシビリティは、研究分野としてほとんど認知されていなかったので、彼がメンバーとして加わったことは大変心強かった。

その後は一人また一人と、チームに新たな研究員が増えていった。これは世界的にみても民間企業において画期的なことだった。なぜなら当時、アクセシビリティの研究は、社会貢献の一環として捉えられていたからだ。

チームにさまざまな分野の専門家が入ったことで、高度なアクセシビリティの課題に取り組むことができるようになり、論文数も増えていった。

メンバー一人一人が、アクセシビリティ向上という目標に向かって、妥協することなくともに進んでいった。このチームで仕事をしていると、目が見えないとか、女性だとか、そういったことを意識する必要がない。入社して配属されたプロジェクトのメンバーが私だったということと、それ以上でも以下でもない。多様性を特に意識することなく常にフラットに議論し、目標を設定しともに推進してきた。まさにベストチームだ。

高木さんによると、私は人のスキルを見抜く能力に秀《ひい》でているらしい。チームのみんなはそれを「超能力」と呼んでいると聞いた。人のスキルを見抜く能力を意識的にか無意識的にか使い、チームを運営しているとのことだった。

もしそうした能力が自分にあるとするならば、目が見えないことで培われたものかもしれない。私には見た目によって生じるバイアスはない。人の行動や会話、声のトーン、これまでに一緒にできたことと、できなかったことといった見た目以外の情報に基づく判断が結果として「人のスキルを見抜く」ことにつながっているのかもしれない。

「進化」するウェブページのジレンマ

新たなチームで次に手掛けた仕事は、音声で読みづらくなってきたウェブページを読みやすくするためのチャレンジだ。具体的には、サーバー側でHTMLを解析し、音声で理解しやすいかたちに変換するシステムの研究開発だ。

1990年代後半からウェブサイト間の競争が激しくなり、より見栄えが良く、より人目を惹《ひ》くデザインへと、ウェブページは変貌を遂げていった。

初期のウェブページは、テキスト中心で視覚障害者にとっても読みやすいものだった。見出しがあって、リストがあり、シンプルなデザインのものが多かった。

しかし、通信速度が速くなるのに伴って、情報が詰め込まれ、広告も増え、それぞれのウェブサイトが独自の、しかも複雑なレイアウトを持つようになった。一つのページの中にたくさんの情報が埋め込まれ、必要な情報に到達する前に多くの関連のない情報が読み上げられるようになってしまった。

視覚的にはわかりやすくレイアウトされているので、晴眼者であればウェブページを見て、大量の情報の中から必要な情報や目的のリンクを探し出すことができる。しかし、音声ではHTMLの順番通りに一つ一つ確認する必要があり、非常に時間がかかるようになってしまった。しかも画像リンクにテキストが付加されていない場合には、意味のない画像のファイル名などが読み上げられてしまい、目的のリンクを見つけることすらできない。

この頃からこうした視覚障害者のウェブアクセシビリティが、世界的に大きな問題となってきた。たとえば、新聞社のポータルサイトに音声でアクセスすると、まず簡単な会社紹介があり、次が今日の天気、記事の各ジャンルへのリンク群、広告など、読みたい新聞記事の前に関係のない読み上げが長く続く。スクリーンリーダーのコマンドを何度使ってもなかなか目的の記事にたどり着かない。目的とは関係のない情報の読み上げが延々と続く上に、どこに必要な情報が存在しているのかもわからない。この状況に強い危機感を感じた私は、チームとともにこの課題に取り組むことにした。

大量の情報が詰め込まれたウェブページを、どうすれば音声でアクセスしやすいかたちで提示できるか。私たちは個々のウェブページの構造を丹念に調べ、ＨＴＭＬタグや一日ごとの差分がどこにあるかをコンピューターに学習させることで、どこが見出しでどれが本文にあたるかを推測し、読むべき情報に早くたどり着けるようにページを変換するシステムの開発を進めた。

新聞社のウェブページであれば、トップニュースの見出しと本文にアクセスしやすいようにこれらの優先順位を上げ、さらに、ニュースの大きなトピックス、たとえば「政治」「経済」「社会」といった項目ごとに、新聞各社がバラバラにレイアウトしている情報を整理して並べ換えるシステムを開発した。この結果、サーバー側でウェブページを読みやすいかたちに変換してユーザーに送ることで、視覚障害者のウェブアクセシビリティを改善するシステムを実現することができた。

この研究は世界的に評価され、アクセシビリティ分野の国際学会（ＡＳＳＥＴＳ：International ACM SIGACCESS Conference on Computers and Accessibility）で、このシステムについての論文がベストペーパー賞を受賞した。

社会貢献だけではなく

ここまで読まれた読者の方には一つの疑問が生まれているかもしれない。ウェブアクセシビリティ技術の進歩は、障害者の生活の質の向上には貢献しているが、企業として取り組むことにどんなメリットがあるのか？　と。

障害者向けの製品はマーケットが小さくならざるを得ず、企業の利益には直結しない社会貢献として取り組まれることが多い。しかし私たちは、この技術を社会貢献だけにとどめず、企業の収益につながる戦略的な研究開発につなげることも目指した。

当時ＩＢＭは、ウェブページを解析して携帯端末向けに変換する技術の研究開発に取り組んでいた。私たちが作った、ウェブページをシンプルで視覚障害者にもわかりやすいかたちに変換するテクノロジーは、まさにこうした変換技術に直結するものだった。

障害者のニーズに基づいた研究をすることが、より広いマーケットを目指した戦略的な研究の一翼を担えることをアピールする。そうした戦略をチームで立てて推進した。自分たちが実現したいことと企業としてのメリットをどう融合させられるか。知恵を絞って進んでいった。

また、アメリカでは追い風となるような社会的な動きもあった。ウェブが障害者の社会参加を促進する可能性に着目したアメリカ政府が、２００１年に法律を改正し、連邦政府とその関連機関が調達するすべての情報システムに対して、障害者であってもアクセスできることを義務付けたのだ。

障害者の社会参加を進めるための法律「リハビリテーション法」は１９７３年に制定され、その後も時代に応じて何度か改正を重ねていた。１９８６年には電子情報技術に関する５０８条が追加された。これにウェブを含めた情報機器を追加したのが２００１年の「改正リハビリテーション法５０８条（通称５０８条）」だ。

５０８条では、障害があろうとなかろうと、政府機関の情報やアプリを利用できなければならないと定めている。取引する企業もアクセシブルな製品を提供しなければ入札で勝つことができなくなった。つまりウェブアクセシビリティの向上が連邦政府とその関連機関向け情報システムのビジネスに直結することになったのだ。508条はまさに企業がウェブアクセシビリティに投資することを狙って作られた。それまでは単なる社会貢献として認識されていたものが、国や企業が果たすべき義務の一つとして必須条件に変わった。

こうしてアクセシビリティは、企業にとっても必要な技術開発分野となっていった。IBMにおいても開発部門をはじめとした各部門に責任者を置いて取り組むこととなった。

なお、日本では2022年になって障害者情報アクセシビリティ・コミュニケーション施策推進法が施行されたが、国や地方公共団体の責務、事業者の努力義務が明示されるにとどまった。

〝見えない〟人からはどう〝見える〟か？

2002年頃から新たなプロジェクトを開始した。ビジュアル重視になったウェブページが、視覚障害者にとっていったいどのように〝見えている〟のかを可視化するというプロジェクトだった。ユーザーを対象としたものではなく、ウェブ開発者のためのソフトウェアである。

「普通の人」である私は、ビジュアル重視のウェブページが増える中、今後ウェブはどうなっていくのだろうかという大きな不安を持つようになっていた。視覚障害者にとって、あまりにもアクセス困難なウェブページが増えていたからだ。音声読み上げで必要な情報にたどり着くのに、どれほどの時間がかかるのか、ウェブ開発者に知らせることができれば、ウェブアクセシビリティは向上させられるのではないか。

そこで新たに開発したのが、視覚障害者がスクリーンリーダーで閲覧しようとした時に、ページ内の個々の項目に到達するまでにどれくらいの時間がかかるのか、予測結果を色分けして表示するソフトウェアだ。簡単にたどり着ける部分の背景色は明るく、時間がかかる部分は背景色が暗くなって表示される。その画面をパッと見ただけで、視覚障害者にとってたどり着くのに時間がかかる部分が、どのあたりにあるのかがわかるように表現した。これを見てもらえば、ウェブのデザインを決めたり作成したり管理したりする晴眼者も、一目で視覚障害者が〝見ている〟ウェブページの状況がわかる。

ボタンを押したりクリックしたりした後の反応が遅いことに対するイライラ感は、晴眼者であっても経験があるはずだ。視覚障害者の待ち時間はその比ではない。ページのレイアウトが変わってしまった時など、いつものようにキーを叩いても全く必要ない情報の読み上げが延々と続いて、目的の情報にたどり着けないこともある。いつになったら欲しい情報にたどり着くのかという不安とイライラを同時に感じていた。

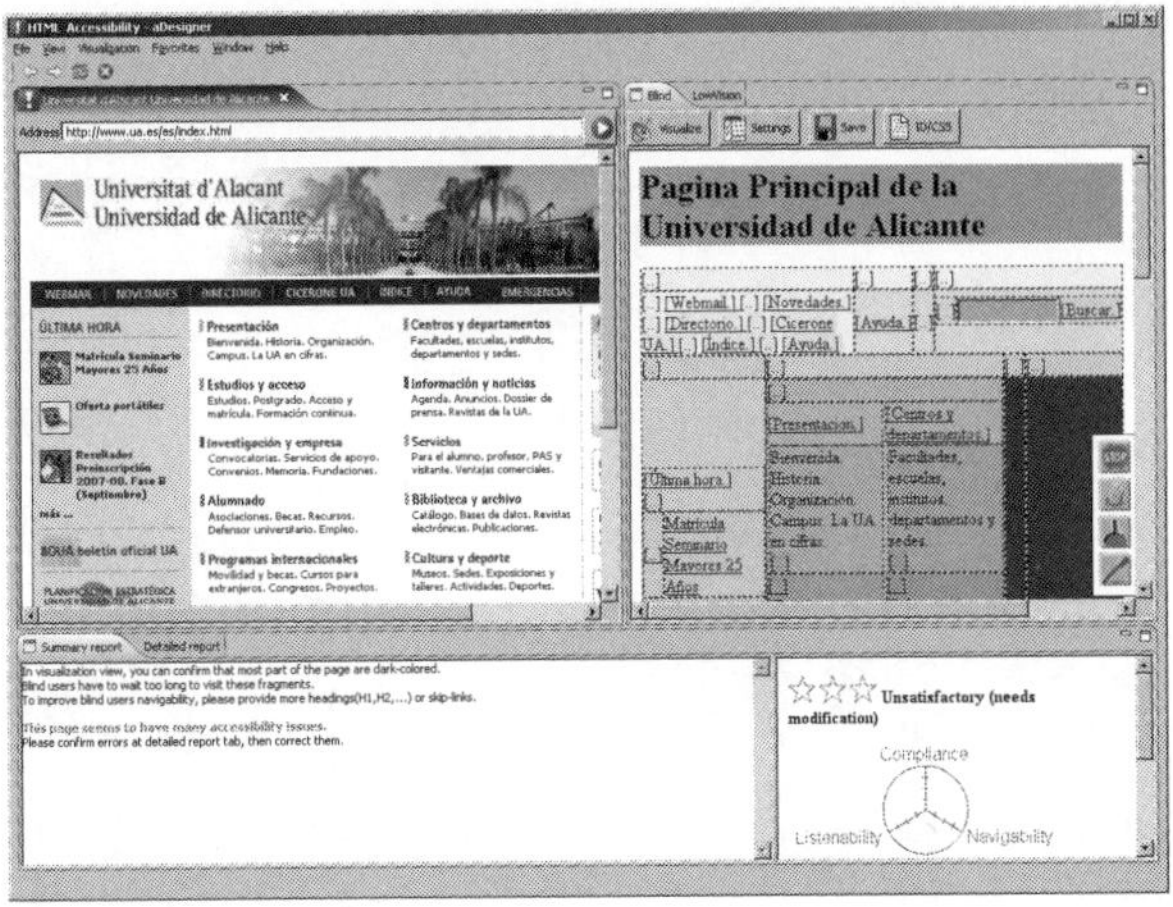

図4：“見えない”人からあなたのホームページがどのように“見える”のかを明らかにしたaDesignerというソフトウェア。左側が晴眼者が見ているホームページ、右側が視覚障害者がホームページを読み込むときに、どこが読みにくい場所なのかを可視化した図。この場合、文字列が背景色でつぶれている場所は視覚障害者には到達しにくい情報となる。Dr. Sergio Luján Mora, Universidad de Alicante

ウェブサイトのデザイナーや開発者、管理者に向けて開発したこのソフトウェアは、当初はaDesignerとして公開された。現在はオープンソース化され、総務省を通じてmiCheckerとして配付されている。

上の図は、向かって左が晴眼者が見ているウェブページ、右が視覚障害者がスクリーンリーダーを使って各項目にアクセスした時に、どのくらい時間がかかるのかを示したものだ。右端の色の濃くなったカラム（列）はもはやたどり着くのが困難だ。見出しタグを適切に挿入するなどして容易に到達できるようになると、同じ見た目のページでも本文の色が明るい色になる。また弱視者にとっての見え方を再現する機能なども搭載した。下には、ウェブページのアクセシビリティに対する簡単なレポートが出るよう設計されている。こうした評価ツールの開発や標準化など、ウェブアクセシビリティの普及活動には２０００年にＩＢＭに入社し、チームに加わった福田健太郎さんが現在も取り組んでいる。

博士になりたい

前述したようにウェブページのビジュアル化により、視覚障害者にとってアクセス困難なページが増えてきた。このままビジュアル化が進むと、せっかく視覚障害者に開かれたウェブという新たな情報源が、閉ざされてしまうのではという危機感を持つようになった。そこで視覚障害者が、視覚を使わずにどこまで視覚情報を認識できるのかを研究したいと思うようになった。どうすれば企業にいながらこのような基礎研究ができるかと考えていた頃、高木さんの博士論文公聴会に出席する機会があった。それが大学院に進学して研究をしたいと思うきっかけとなった。

師事したいと思う方もいた。北海道大学で福祉工学を専門にされていた伊福部《いふくべ》達《とおる》先生だ（以後、親しみと敬意を込めて「伊福部さん」と表現する）。伊福部さんは「ゴジラのテーマ」を作曲した伊福部昭氏の甥で、伊福部昭氏作曲の「シンフォニア・タプカーラ」という交響曲の第3楽章を参考にして緊急地震速報のチャイム音を作った方として有名だ。長年、障害者や高齢者を支援する福祉工学の分野を牽引してきた日本の第一人者である。しかもその頃のアカデミアの方としては珍しく、研究から製品化までを一貫して行っていた。

私は伊福部さんに師事すべく、北海道大学の博士課程募集要項を取り寄せた。修士号（マスター）は持っていなかったが、10年以上の研究経験があればマスター相当として認められると要項には記されていた。15年のキャリアの中で書きためた論文を持って、期待と不安の入り交じった気持ちで北海道大学の伊福部さんを訪ねた。

「伊福部先生、私は先生のところで博士課程の研究がしたいです！」

研究室の扉を叩いたのは、2000年のことだった。伊福部さんは静かに私の話を聞いてくださったが、ほとんどご発言はなかった。この時指導教官をお引き受けいただけるかどうかのお答えはいただけなかったが、入学試験申し込みのギリギリのタイミングでお返事をいただけた。そして試験終了後の2001年2月に博士課程入学が無事に認められた。

今になって思うと、伊福部さんも悩まれたのかもしれない。私は文系出身で修士号も持っていない。その上、目も見えない。しかし、入学してみると、伊福部さんはあの時の無口な様子とは一変してたくさん対話をしてくださり、サポートもしていただいた。

伊福部さんが悩まれたことや、仕事や家庭の両立は大丈夫なのかといった周囲の心配をよそに、私は「よし！　3年で卒業して、小樽のオルゴールを記念に買おう」、そんなことを呑気《のんき》に考えて北大での博士課程を始めることになった。その時、伊福部さんの下で博士課程に入学したのは私を含めて2人だった。

大ピンチ！　点字のTOEFLが存在しない

博士課程に入学して1年が過ぎたある日、突然伊福部さんに呼び出された。「東京大学に行くことになりました。そういうことですから、お二人とも編入学試験を受けてくださいね」。伊福部さんはこともなげにおっしゃった。東京大学？　入学して1年しか経っていないのに、伊福部さんは北海道大学から東京大学へ異動されることになった。

どうしたらいいのか。しかし、私が指導を受けたいのは日本の福祉工学の第一人者である伊福部達先生である。当然、伊福部さんを追いかけて東京大学へ行きたい。となると、東京大学への編入学試験を受けなければならなくなった。当時、東京大学の編入学試験はTOEFLと論文、面接だった。

ここで思いも寄らない問題に直面した。点字などで受けられる視覚障害者向けのTOEFLが日本には存在していなかったのである。

窮地に陥った私は必死にアメリカのTOEFL協会へ電話をし、交渉を重ねた。「私はTOEFLを受けなければならない、編入学試験の1か月前までに結果をもらう必要があるのです」と訴えた。必死さが伝わったのか、TOEFLを実施する協会から、口頭試験でTOEFLを受けさせてくれるという約束を取り付けた。

よし！　と思ったのもつかの間、TOEFLの参考書を見てみると一筋縄ではいかないことがわかった。TOEFLの問題を読み上げる係の方がついて、まず解釈すべき本文を読む。その後に、英語でパラグラフ3の〝them〟は何を指しているか、適切なものを次の4つから選べ。1）facilities. 2）people. 3）animals. 4）techniques. などと出題が続いていく。どのような質問があるかわからないまま、読み上げられた全文をその場で記憶して、答えを導き出す必要があるのだ。

晴眼者なら文章を見ながら答えることができるのに……。私にとってはかなり厳しいテストだった。くじけそうだったが、伊福部さんの指導を受けたいという一心で頑張った。

試験後、TOEFLの結果は電話で一足早く確認することができた。無事に合格点に達していたことを知った。

もう一つの大きな関門が面接だった。国際学会や講演などでずっとプレゼンは行ってきたので、面接には多少の自信があった。ところがやはり人生とはそう簡単には進まないものだ。

東京大学には福島智《さとし》先生という、耳も聞こえず、目も見えない盲ろうの先生がいらして、この先生が面接官の一人であり、発表した内容に関して鋭い質問を投げかけてこられた。とても印象的な出来事だった。「浅川さんは、今、こう言いましたけれどもね」と、〝指点字〟を通して得た情報からほとんど遅れもなく、厳しい質問をぶつけてこられた。

指点字というのは、両手の指を点字タイプライターのキーに見立ててタッチし、文字情報を伝える方法のことだ。指点字通訳者の方が福島先生の指をとんとんと叩き伝える。福島先生の質問に、私が答える。すると、また鋭い質問が返される。ああ、盲学校の時代に出会った天才がここにもいる。とても感動した。ちなみに指点字は福島先生のお母様が、福島先生との会話のために考案されたものだ。

厳しい面接もなんとか無事にクリアし、東京大学大学院工学系研究科先端学際工学専攻への編入学が認められた。この後の博士号取得までの道のりでもさまざまな苦労があった。

研究、仕事、家庭の「三足のわらじ」

博士課程の間、昼間は当時神奈川県にあったＩＢＭ東京基礎研究所で仕事をし、夜は東京の駒場にある東京大学先端科学技術研究センターに通った。

新しい研究を始める時はまずそのテーマに関して、これまでどのようなことが行われてきたか、過去の文献を念入りに調査するのが第一歩だ。過去に誰かがすでに実施したことは研究にはならない。論文を執筆する時には、どの部分に新規性があるのかを明確に述べなければならない。過去の大量の論文を読み込むことはまさに研究者にとって必須の作業である。

2000年代前半の当時、まだ論文はデジタル化されていなかった。最近の論文はほぼデジタル化されているので、簡単に点字ディスプレイなどで読むことができる。しかし、当時は大学の図書館で論文のコピーを取り、さらにこれを点字化する必要があった。そこでまずはコピーした論文をスキャンし、テキスト化しなければならない。テキスト部分は自動点訳できるが、図表などは点訳ボランティアの人たちに3人がかりで点訳していただいた。

家庭では上の子は中学生、下の子は小学校低学年だった。家族はとても協力的だったが、家事が十分にできないこともあり、そういう時には2人の娘たちに「これじゃどっちがお母さんかわからないよね」と言われることもあった。会社の同僚や後輩からどうやって研究、仕事、家庭を両立しているのかと聞かれると、いつも冗談半分で「早朝は家事、昼間は仕事、夜9時以降は研究、土日は全部研究に使えばなんとかなるわよ」と答えていた。実際はそこまではスケジュールを詰め込んではいなかったが、かなり頑張って研究時間を捻出していたのは本当だ。体育会系の人間らしく、自分を律して日々を過ごした。

北大から東大へ移ったおかげで、少なくとも週に3回は東大の研究室へ行くことができ、授業を受けたり、研究をしたり、先生や仲間と議論したりする時間を取ることができた。他の人たちよりやや遅れてやってきた博士課程という学生生活を、時間に追われながらも楽しく過ごした。もしもあのまま伊福部さんが北大だったら、さらに追い詰められた日々だっただろう。結果的に東京大学に異動してくださったことは私にとっては好運だった。

私の研究テーマは、音声と触覚を用いた視覚障害者のための情報提示技術だった。伊福部さんには研究を自由にやらせていただいた。手取り足取りといった指導方法ではなく、私を信頼して任せるやり方だった。途中、博士号が取れるのだろうかと漠然とした不安に襲われる時もあった。しかしこれも今にしてみれば博士課程という時期には必要なことだったように思う。自立した自由な環境で、不安を抱えながらも自ら試行錯誤したことで「研究するということがどういうことなのか」を自分なりに理解できた。

私は常に研究のテーマは、身近な生活の中から発見できると考えている。テーマを決める時には、近い将来に何らかのかたちでユーザーに届けることができるかどうかを徹底的に検討する。技術的にみて、いつ実現できるか全くわからないテーマを選ぶことは適切ではないと考える。これはアクセシビリティという分野で研究をしていくためには重要なポイントだ。

大学でこそ可能な研究がある

博士号を取得するためには、いくつかの条件がある。たとえば国際学会での発表件数や論文誌への投稿である。国際学会については、何度も発表していたのでさほど心配はしていなかった。問題は論文誌への投稿の方だった。論文誌へ投稿した論文にかなりの修正が要求されて、最後の関門である公聴会ギリギリの時期になってしまった。

大学院で最後に出した論文は博士課程で製作したダイヤル式のデバイスに関するものだった。視覚障害者は目で見出しや文字のスタイルを直感的に追うことができない。そこでダイヤル式のインターフェースで読み上げ文字列を前後方向に移動しながら、見出しや文字のスタイルを探索できるデバイス「TAJODA（触覚ジョグダイヤル：TActile JOg DiAl）」を作成した。

TAJODAは、0・7〜3・5倍まで9段階で読み上げの速度が変更できる。また文字情報に付加されている非言語的な情報、たとえば大文字で表されているとか、太字やイタリックになっているなどの情報を触覚振動刺激で感じられるようにした。視覚障害者が必要な情報に直感的にアクセスできるよう、デバイス側で改善を行う一つの試みだった。

マウスに似たこの小さなデバイスを作るにあたって、私はユーザーインターフェースと機器のデザインを主に行った。ハードウェアの開発経験はほとんどなかったので、福祉工学の第一人者である伊福部さんの指導がなければこの研究は実現できなかった。

博士課程の初めの頃、視覚障害者の音声認知能力についての研究をした。日々音声で情報にアクセスしている視覚障害者が、どれほど高速な音声で情報を取得できるかについて実験した。

ある音声データを3・6倍速から0・2刻みで速度を遅くして、0・8倍速までのデータに変換した。各速度のデータを視覚障害者ユーザーに聞いてもらい、声に出して繰り返してもらった。その結果を分析し、視覚障害者の音声認知能力を数値化した。結果は、2・8倍速で平均して文章の20パーセント程度を聞き取ることができた。2・4倍速では半数以上の人が文章の70パーセント程度を聞き取り可能だった。

この実験を講義や講演で、参加者に行うことがある。正式な実験ではないが、各速度で聞き取れた言葉があった時につぶやいてくださいとお願いする。2・8倍速では、ほとんどの参加者が何も聞き取れない。視覚障害者がこの速度で20パーセント聞き取れると伝えると驚きの声が上がる。このような実験や経験を通して、視覚障害者には優れた音声認知能力があることがわかる。企業でこうした基礎研究を行うことは難しい。大学でこそ可能な研究だった。

博士課程で作ったデバイスＴＡＪＯＤＡと、視覚障害者の音声認知能力に関する研究から、視覚障害者の持つ能力と新たなテクノロジーを掛け算することで、情報をスキャンする速度はさらに向上できることがわかった。

大学院に入る前に感じていた「視覚障害者はどこまで視覚に頼らずに情報にアクセスできるのか?」の答えが見つかったように思う。その時々の最先端のテクノロジーを使うことで、視覚障害者の情報アクセシビリティはさらに飛躍するポテンシャルを秘めていると大学院時代の研究を通して確信した。人間そのものが持つ適応力と新たに生み出されるテクノロジーの掛け合わせは、私たちの想像をはるかに超えた無限の可能性を約束している。

第4章
自分の立つべき場所を知る

ついに博士号取得

博士課程修了のために必要な条件であった論文誌への投稿結果が返ってきた。多くの論文誌ではその分野を専門とする研究者が、投稿された論文が掲載に値する内容かを評価するために「査読」を行う。査読には一般に、上から順に採択、一部修正、大幅修正、不採択という4つの評価がある。私の提出した論文の評価は、「大幅修正」だった。この評価では通常、再提出までに多くの時間がかかる。

査読者からの一つ一つのコメントに対し、まずなぜそう指摘されたのかを理解する必要がある。指摘に対して修正が必要な場合は修正し、追加の説明が必要な場合には加筆する。さらに解析や実験を再度行うこともある。

私の論文に対して、査読者からの結果が戻ってきたのが公聴会の2か月前だった。この論文の採択が博士号取得のための最後の関門である。公聴会に間に合わなければ、博士号の取得が遅れることになる。短期間で査読者からの指摘に答える必要があった。そのため大急ぎで修正を行い再提出したのが1月に入ってから。まさに綱渡りの状態だった。

論文の再提出が終わって一息つけるかと思ったが、この日から公聴会まで、伊福部さんによる猛特訓が始まった。それまで自由にさせていただいたのが嘘のような厳しい練習だった。伊福部さんは締めるところは締める先生なのだ。練習の甲斐があり、発表に自信がついてきたところで奇跡が起こった。公聴会の1週間前に採択という朗報が届いた！　論文に関しては綱を渡りきった。

最後の公聴会も伊福部さんの特訓の成果で、無事に終了した。2004年3月、念願の「博士（工学）」を取得し、東京大学大学院を修了した。働きながら3年で博士号を取ることは本当に大変で、伊福部さんや家族の理解、同僚の手助けがなければ乗り切ることはできなかったと思う。ここから私の人生がさらに拓けていった。

誰かが見てくれている

大学院時代、私の人生を後押ししてくれた忘れられない大きな思い出がある。それは、Women in Technology International、略してWITIと呼ばれる海外の組織で殿堂入りを果たしたことだ。2003年、博士号を取るべく奮闘していた最中に、この朗報が届いた。

その後、いくつかの賞をいただく機会に恵まれたが、なかでも特に印象に残っているのは仕事人生で最初にいただいたこの国際的な大きな賞だった。

この頃、私はまだ博士号を持っておらず、しかも文系出身だったので研究者としての自信がなかった。ただ、視覚障害者の支援技術に取り組み続けていたことは、強みだと感じていた。日本IBMでWITIに殿堂入りしていたのは、当時女性で唯一の役員であった内永《うちなが》ゆか子さんだけだった。内永さんはその頃の私にとって、雲の上の人だった。そんな方と同じ場に殿堂入りできるというのは、衝撃的な出来事だった。

WITIに殿堂入りするためには、誰かが推薦する必要がある。後に知ったことだが、私の場合は米国IBMの誰かが、そのような準備をしてくれていたらしい。初期にはほぼ一人、1999年から仲間は増えていったが、それでも大きなチームとは言えない人数で研究をしていた。そんな私たちの研究を見てくれていて、この研究をリードしてきた浅川であれば殿堂入りに値すると評価し、推薦してくれたとのことだった。この出来事は私の背中を押してくれた。

テクニカル・リーダーになりたい

WITIが背中を押してくれ、さらに博士号を取得できたことで、やっと自分に自信が持てるようになった。日本IBM東京基礎研究所の所長に、初めてテクニカル・リーダーとしてのキャリアに進みたいと伝えることができた。IBMのテクニカル・リーダーには、技術者としての専門的な知識と、リーダーとして必要な能力が求められる。その第一歩を踏み出したいと決心した。

私は周囲の研究員と比較して昇進が遅れていた。自分は障害者であり、普通に昇進することは難しいのではないかとなんとなくあきらめていた。

最近になって、女性としてキャリアを築きにくかったことはないか？　と聞かれることもあるが、私には女性であることよりも障害者であることが、キャリアを進む上での高い壁になっていたように思う。研究員として工学の分野で博士号を取れたことで、ようやく同僚と同じようにキャリアについて考えられるようになった。ここでやっと私はスタートラインに立てた、そんな気持ちだった。

覚悟して昇進を目指す

IBMでテクニカル・リーダーになるためには、第1ステップとしてシニア・テクニカル・スタッフ・メンバー、略してSTSMという立場にならなければいけない。STSMになるとようやくテクニカル・リーダーの1年生。日本語で言うと主幹研究員である。ここが社内で昇進するための第一関門となる。

東京基礎研究所の所長にテクニカル・リーダーに進みたいと伝えた直後、米国ＩＢＭイノベーション・技術担当上級副社長（Executive Vice President of Innovation and Technology）のニック・ドノフリオと2人でこれからのキャリアについて話す機会に恵まれた。私はここで彼に「ＩＢＭでテクニカル・リーダーとしてのキャリアを進みたい」と伝えた。

勇気を出して伝えた私に対して陽気なイタリア系アメリカ人のドノフリオの答えは、「Chieko! Keep goooing!」どんどんやれ！　だった。

ＳＴＳＭになるためには、これまでの研究成果がテクニカル・リーダーとして十分であるかが問われる。あなたの研究が社会でどのように役立っているのか、技術的にどのような新規性があったのか、特許は何本取得し、論文は何本発表したか。あらゆる面から評価される。ＳＴＳＭに昇進するための評価項目を見た時、要件の多さに1週間くらい考えこんでしまい何も書けなかった。

しかし、何事にも締め切りはある。意を決して書き始めると、キーボードを打つ指が止まらなくなった。あれ？　書ける。書き始めてみると、次々と書く内容が思い浮かんできた。もしかすると越えられるかもしれない。

その予感はみごとに当たり、２００５年、ＳＴＳＭに就任した。

次のステップは、ディスティングイッシュト・エンジニア（ＤＥ）というテクニカル・リーダーの第2段階である。日本語で言うと技術理事。「ある専門分野で顕著なリーダーシップを示しているエンジニア」が就任する職位である。ＳＴＳＭ就任から2年後にＤＥにチャレンジし就任することができた。2年という短期間でＤＥになれたのは、ＳＴＳＭに就任した時の評価が高かったから、との噂を聞いた。とはいえ、2年間際立った成果がなければ、昇進することはできない。チームとともに成果を出し続けて、昇進できた。

　昇進できたことは嬉しかったが、エンジニアとしてのスキルが心許ない身としては居心地が悪かったのは事実だ。それもあって次の段階に早く進みたいと思うようになった。

I want to become an IBM Fellow!

　次は、ＩＢＭフェロー。この段階になると、現役では世界に89人しかいない（２０２３年３月時点）。技術系社員の最高職位である。

　これまでに世界で３３５人のＩＢＭフェローが誕生し、その中には日本人の江《え》崎《さき》玲《れ》於《お》奈《な》氏をはじめノーベル賞受賞者が5人、国際計算機協会（ＡＣＭ：Association for Computing Machinery）が永続的な重要性のある研究に授与するチューリング賞受賞者が5人含まれている。日本人は私を含めてのべ7人（２０２３年3月現在）である。ＩＢＭフェローになれば、自分の専門分野の研究に対してある程度の自由裁量権が認められるようになる。

トーマス・J・ワトソン研究所でニック・ドノフリオに会えた時に、今度は「I want to become an IBM Fellow.」と伝えた。陽気なドノフリオは「OK! Chieko～! Keep going!」と、今度も返事は同じだった。フェローへの道は狭き門であることはわかっていた。しかし、テクニカル・リーダーのキャリアを進みたいと決めていた私は、進むしかない、チャレンジしたいと思った。

入社当時から感じてきた多様性を重んじるIBMの社風。この風に乗ってここまでやってきた。何度挑戦してでも、IBMフェローになりたいと思った。この頃になって、やっとそう感じるようになった。

世界的企業であるIBMが、アクセシビリティ分野の研究者をIBMフェローに任命すれば、社会の注目度が上がるはずだ。

私はそれまでアクセシビリティの認知度を上げ、その重要性を広めるため、論文を書き、国際学会で発表し、世界中から招待された講演はほぼ受けていた。テクノロジーで社会を変えるために、社会的な認知度を上げることはやらねばいけない仕事と考えてきたからだ。

研究の方向性は正しい

ドノフリオの後を引き継いだジョン・ケリーも、IBMフェローを目指すにあたり勇気をくれた。

ＩＢＭには「アカデミー・オブ・テクノロジー（ＡｏＴ）」という300〜500人くらいの技術者からなるコミュニティがある。コロナ禍前の2020年まで毎年このコミュニティの会合が開かれていた。ここには世界中から専門知識を持つＡｏＴのメンバーが集まり、ＩＢＭの技術戦略を議論する。

この会議中、夜のセッションの後、エレベーターでジョン・ケリーと乗り合わせた。このままＩＢＭフェローを目指していて良いのか、研究の方向性や進み方はこれで良いのか、いろいろ迷いのあった私は「Can we have a glass of wine?（一緒にワインを飲みませんか?）」と思い切って言ってみた。彼の返事は「OK!」で、キャリアについてさまざまな視点でアドバイスをもらえた。

ジョン・ケリーも陽気なドノフリオと同じく、「Keep going!」だった。彼は、ＩＢＭの中で研究を続け、社会に広めていくために一緒に考えてみましょうと親身になって話を聞いてくれた。その会話の中で、私のこれまでの研究成果について、よく知ってくれていたことに驚いた。彼の立場であれば、当然エレベーターで声をかけられても、この後会議があるから無理などと断ることも可能だったはずだ。しかし彼は丁寧に話を聞いてくれ、今後の研究の方向性についてもアドバイスをくれた。

それ以来、ＡｏＴをはじめとしたさまざまな会議に参加すると、ケリーの方から声をかけてくれるようになった。ある時は、「あなたの研究に注目している。良い仕事をしているね」と言ってくれた。こういった言葉に本当に勇気づけられた。また彼が東京基礎研究所を訪れた時に、開発したプログラムを実際に目をつぶって体験してくれることもあった。

このようなトップマネジメントとの対話から、不安を払拭し自分の研究の方向性が正しいと確信することができた。

ついにＩＢＭフェローになった

２００９年、ついにＩＢＭフェローに就任することができた。アクセシビリティへの貢献が認められたのだ。日本人女性としては初めてのＩＢＭフェロー就任となった。博士号を取る前の自分には全く想像もつかないキャリアだった。

盲学校へ入学するかどうか、悩んでいた暗黒時代の私に教えてあげたい。前に進め、Keep going!　信念を持って進めば、仲間も増え、道は拓けるのだと。

陽気なドノフリオが放った「Keep going!」には、続きの言葉があった。「アクセシビリティの立ち位置は、時代とともに変わってきた。そういう潮流が押し寄せているよ。先駆者として今までやってきたように続けていけば、流れに後押しされて必ず道は拓ける」。そう話してくれていた。

視覚障害者のアクセシビリティを向上させたいと研究を続けてきた。仲間が増え、協力者や応援者が現れ、ここまで進んでくることができた。時代の後押しもあり、道は拓けた。しかし、私たちが目指しているゴールはまだまだずっと先にある。

第5章
障害者支援のテクノロジーが世界を変える

意識を変えよう

1980年代後半、当時の日本IBM社長が女性社員に向けて行ったスピーチを今でもよく覚えている。「みなさんは女性だからといって特別扱いされたわけではありません。IBMでは男性と女性が同等の評価を受けた場合、女性を採用します。みなさんは隣に並んだ男性と同じまたはそれ以上だから選ばれたのです。特別扱いはしていません」というスピーチだった。実際、日本IBMは1960年代から女性を積極採用し、男女同一賃金を実現していた。

このスピーチに私は大変感動し、以降自分は特別扱いされているのではないという気持ちで仕事に取り組んできた。女性であろうと、障害者であろうと、関係なく活躍できる社会を実現するために、まず男性が中心となってきた社会の常識をシフトしていくことが必要だ。誰しもが自由に職業を選び、生活し、人生を送る。そのためには、スキルを持った多様な人たちが活躍できる社会になる必要がある。そこには、企業が伸びていくチャンスもある。これについては後でまた触れたい。

　こうした考えを持つようになったきっかけの一つが、フランシス・アレンとの出会いだ。彼女は１９８９年に世界で初めてＩＢＭフェローに就任した女性であり、２００６年には女性で初めてチューリング賞も受賞している。

　そのアレンとは、１９９０年代の後半、ちょうどホームページ・リーダーを製品化していた頃に出会った。ＩＢＭ社内でウーマン・イン・テクノロジーという技術系女性社員の会議に参加した時のことだった。

　会議後に「次回はあなたが講演してくださいね」と、アレンに話しかけられた。その時に私は「いや、私なんてとてもこんなところで」と、日本人によくある控えめな言葉で返事をしてしまった。するとアレンから「あなたは、やりたくないのですか？」と聞かれた。

　言われてハッとした。こうした場で発表できれば、自分たちの研究をより多くの人に知ってもらうことができる。この経験を通して、与えられたチャンスにはたとえ自信がなくても、「Yes, sure, of course.」と答えられる自分になりたいと心から思った。

　当時まだ私はテクニカル・リーダーではなかったが、アレンはそんなことは全く気にしていなかったと思う。「やりたくないの？」と聞いた時のアレンは少し驚いていた様子で、あなたにはできるはずだという信頼があったように思う。アメリカでは、女性が女性を育成するという文化がすでに出来上がっていた。こうした人との出会いによって、女性とか障害者とか、そういったマイノリティについて考える必要はないと自分の意識を変えていくことができた。

トップマネジメントに報告しよう

他にも私を励ましてくれたエピソードがある。

これまでの仕事人生を振り返ってみると、大きな受賞や昇進をした時に、トップマネジメントに報告してきた。そうすると必ず24時間以内に返事が届く。多忙を極める彼らから返事をもらうことは、時間を取らせて申し訳ないという気持ちはあるが、嬉しいという気持ちが大きい。ＩＢＭフェローに昇進した時や、大きな賞を受賞した時、ドノフリオからもケリーからも返事がきた。

最近では、２０２３年3月に受賞した大川賞に対して、研究部門担当の上級副社長であるダリオ・ギルから返事が送られてきた。そこには「Congratulations, you deserve it.（おめでとう、あなたはその賞に値する）」と書かれていた。いつも彼らの返事には、あなたはそれにふさわしい人だよと書かれていて、勇気を与えてくれる。

会社のトップマネジメントにメールでこのような報告をするのは勇気がいることかもしれ

ないが、彼らにとっても社員の声を聞ける機会になるはずだ。私は、こうしたことで周囲とのつながりを感じ、それが日々の仕事への力になることを、IBMで学んだ。私も後輩からのメールには必ず返事をしようと思い、実行している。ほんの一言で人は大きな一歩を踏み出すことができることを実体験として学ばせてもらった。

スマートフォンという革命

IBMフェローへの挑戦をしていたその頃、デジタルの世界には巨大な波が押し寄せていた。今では誰もが使っているスマートフォン（スマホ）の登場だ。

iPhoneは2007年1月にアメリカで発表された。日本で発売されたのは翌年の2008年。2009年にはスクリーンリーダーVoiceOverを標準で搭載し、視覚障害者にも操作が可能になった。

スマホは誰にとっても革新的な製品だったが、とりわけ視覚障害者にとっては大革命だった。スマホがあれば、いつでもどこでも誰とでもコミュニケーションできる。もちろん、それまでのガラパゴス携帯、いわゆるガラケーにも一部音声機能やメール機能などはあったが、スマホに比べるとできることが限られていた。

スマホには、標準でアクセシビリティ機能が搭載されている。スマホ（iPhoneやA

ndroid）をお持ちなら、設定機能を確認してほしい。設定画面からスクリーンリーダー機能をオンにすると、以降スマホを操作して画面を読み上げることができる。iPhoneの場合には、「設定」を開き、続いて「アクセシビリティ」、「VoiceOver」を開きオンにする。AndroidにもTalkBackというスクリーンリーダー機能があり、同様に設定画面からオンにすることができる。これにより視覚障害者は、スクリーンリーダーを別途購入することなく、スマホを使い始めることができる。

パソコン用のOSにも最近ではスクリーンリーダーが標準で搭載されているが、まだ機能が十分でなく、別途ソフトウェアを購入する場合が多い。私の場合は長年使ってきたJAWS日本語版というスクリーンリーダーを購入しているが、現在（2023年）の価格は、約20万円と高価である。簡単に買える金額ではない。そのため標準で高機能なスクリーンリーダーが搭載されているスマホは、今後ますます視覚障害者に普及していくと考えられる。

スマホでは音声認識やキーボードで文字入力もできる。ショートメッセージサービス（SMS）などで誰とでもすぐにコミュニケーションできる。私がIBMに入社した当時、IBMの音声出力装置とチャットシステムを使って、同僚とリアルタイムにコミュニケーションできた時と同様の環境が、スマホによって視覚障害者が誰でも体験できるようになった。

しかも、外出先でもどこでも利用できる。Facebook やTwitter（現在は

X）などのソーシャルネットワーキングサービス（SNS）にも簡単にアクセスし、コミュニケーションできる。こうしたことがスマホ1台で実現された。

スマホは2010年頃から急速に普及したが、当時は私には絶対使えないと思っていた。むしろ使いたくないとさえ、思っていた。なぜなら慣れ親しんだガラケーの方が圧倒的に簡単に電話がかけられたからだ。しかし、今ではスマホのない生活は考えられないほど、なくてはならないものになっている。

スマホは情報のアクセシビリティを次のステージに押し上げた。さらに、移動のアクセシビリティを補助する現在位置の測定機能までもが標準で搭載されていた。

移動の自由への第一歩

スマホの地図アプリでは全地球測位システム（GPS：Global Positioning System）という衛星からの情報を使って現在の位置を測定できるシステムが使われている。このGPSには、一般に5〜10メートル程度の誤差がある。環境によっては、この誤差はさらに大きくなることもある。そのため歩行している視覚障害者の位置を十分な精度で測定し、進むべき方向を正確に指示することはまだ難しい。しかし、おおよその位置は推定できるので、これまでにないモビリティの支援ができるようになった。

たとえばバスに乗りたい時には、地図アプリや専用アプリを使って、現在いる場所の最寄りのバス停と、その時刻表を確認することができる。また、タクシーの場合は専用アプリを使って、現在いる場所や指定した住所に呼ぶことができる。このようなアプリが利用できるようになる前は、タクシー乗り場を探して待つか、タクシー会社に電話をかけて場所を説明して来てもらうしかなかった。どちらも誰かの助けを借りなければ非常に難しい。視覚障害者のモビリティは、このようにスマホによって向上している。

誰にとっても便利なデジタル社会

スマホは身の回りの家電ともつながり始めている。使いやすさを向上するために、液晶ディスプレイやタッチパネルを搭載した家電が増えている。視覚障害者はこうした家電を操作することが難しい。しかしスマホと家電がつながってくれれば、スマホのアクセシビリティ機能を使って容易に家電の操作が可能である。たとえば私は自宅の洗濯機のコース選択や洗濯開始を実際にスマホのアプリで行っている。

部屋の温度を確認してエアコンの設定を変えたり、遠隔でロボット掃除機をスタートさせたり、調理器具のスイッチを入れたり。視覚障害者のために特別に作られたものではなく、市販されている誰もが使っている家電を、特別な訓練もなくスマホによって便利に使うことができる時代になってきたことに、喜びを感じている。

こうして身の回りの電気製品がネットを介してつながることをモノのインターネット（IoT：Internet of Things）と呼んでいる。家電や自動車、建物、電子機器などがネットワークを介して結びつき、相互に情報交換することで、誰でも便利に使えるようにするIoTのしくみが広く普及しつつある。

ただしこうしたIoTを障害者が活用するためには、その仲介をするスマホのアプリがアクセシブルでなければならない。そうでなければせっかくの便利な機能が利用できなくなる。

私はスマホアプリの開発者の方に仕事で出会うと「アクセシブルなアプリの開発方法をご存じですか?」と聞くことにしている。残念ながら、多くの場合は知らないという答えが返ってくる。読者のみなさんの中にスマホアプリの開発者の方がいたら、検索エンジンで「アクセシブルなスマホアプリの開発」で調べてみてほしい。アクセシブルなアプリを作ることは決して難しいことではないが、後から改良しようとすると時間がかかり、修正も難しくなる。

私はさまざまな商品のテストユーザーとして協力を求められることがあるのだが、ほんの少し変更を加えてもらうだけで、視覚障害者にとっての使いやすさが劇的に向上することを実感している。

たとえば、家電製品を操作した時に、その都度「ピッ」と電子音が鳴るようになっている商品がある。これでも音がないよりはずっと良いのだが、さらに工夫を加え、設定が一巡してデフォルト（標準設定）に戻ってきた時に「ピッピッ」と2回音を出す、というように変化をつけてくれるだけで、押した回数でどの設定か判断できるようになる。

毎朝使うコーヒーメーカーならば、１人分、２人分、３人分というボタンがあった時にデフォルトの1人分でピッピッと鳴る。レギュラー、ストロング、アイスコーヒーの3つのボタンがあった時には、レギュラーのところでピッピッと鳴れば、次はストロング、その次はアイスコーヒーだとわかる。

こうした改良は晴眼者にとっても便利になる。目視だけではなく音でも確認できれば、タッチパネルの押し間違いは防ぎやすくなる。多少暗いところや寝ぼけている時でも間違いに気づきやすくなる。障害者にとって使いやすくなると、晴眼者にとっての使いやすさも向上する例である。

ただし、開発を行う側がアクセシビリティの配慮について知らなければこうした対応は望めない。ぜひ、家電やアプリなど一般の人が触《ふ》れる技術を開発している方に、ＩｏＴも含めてアクセシブルにする方法を知ってもらいたい。

障害×テクノロジーが世界を動かす

現在、日常的に使われているテクノロジーには、障害者がきっかけになって発明され、広く一般に普及したモノがたくさんある。「必要は発明の母」と言うが、まさに障害者にとって必要なものが偉大な発明に結びついた例は少なくないのだ。

私がよく講演で紹介するのは、「電話」だ。私たちが日常的に、当たり前の道具として利用している電話。瞬時に空間を超えて話したい人と話せる便利なテクノロジーだ。

電話は１８００年代にアレクサンダー・グラハム・ベルが発明した。彼が12歳の時に母親が聴覚障害者になった。そこで彼は音響学に興味を持ち、独力で学んだ。１８７２年には、聴覚障害者のための学校を設立している。その後次々と新たなコミュニケーション技術を開発していく中、１８７６年に電話の発明に至ったと言われている。

ベルはより完成度を上げてから社会に発表しようと考えていた。しかし、母と同じく聴覚障害を持つベルの妻が、半ば無理やりにその年開かれたフィラデルフィア万国博覧会への出展を決めたと言われている。

その結果、万博審査員から高い評価を得て金メダルを受賞。アメリカ独立１００年を記念したこのフィラデルフィア万博でデモンストレーションを行ったことで、電話は世界的に注目された。

1877年にはベル電話会社が設立され、これは後のAT&Tとなった。その後はアメリカで電話会社が次々と設立され、普及することになる。このように万博は、新たな技術を広く世界に発信し、社会実装を加速する機会となりうる。アクセシビリティの技術も万博のような機会を活かすことができれば社会実装を加速できるかもしれない。

スイスの数学者レオンハルト・オイラーは中途失明者である。

彼は、18世紀に活躍した偉大な数学者で、解析学におけるオイラーの公式の発見や、グラフ理論の基礎を築いたことなど、数々の業績を残している。そのオイラーは31歳の時（1738年）に片目を失明、1766年にはもう片方の目に白内障が見つかり、1771年（64歳）には全盲となった。失明後も口述筆記などで多数の論文を執筆している。オイラーは失明に向かう過程で改めて科学をわかりやすく一般市民に解説する必要性に気づき、科学の入門書を出版。この本はその後ベストセラーになり、長く読み継がれることになった。

現在私たちがコンピューターの入力に使っているキーボードは、1800年代に上肢障害者が文字を書く手段として発明されたのがきっかけの一つだった。

1970年代に、インターネットの基本プロトコルを設計したヴィントン・サーフは、子どもの頃に聴覚障害者になった。彼は周囲とのコミュニケーションをより円滑にしたいとコンピューターネットワークに注目し、それがインターネットの開発につながったと言われて

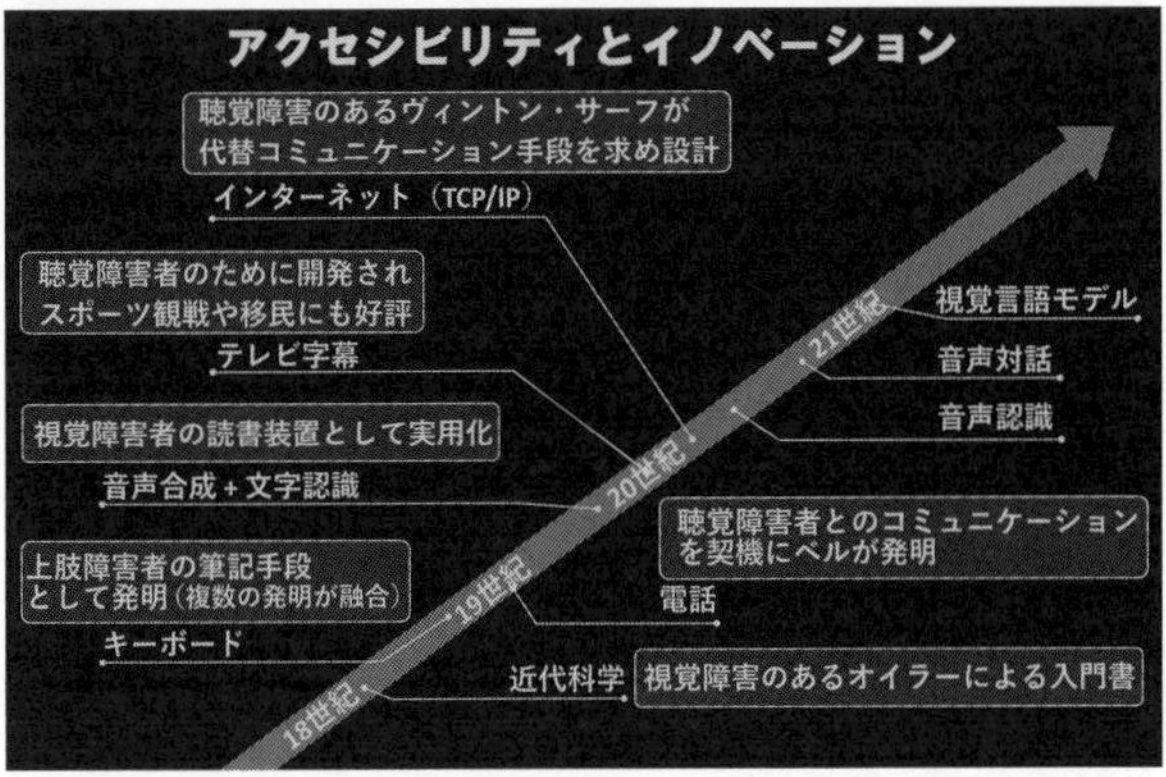

図５：キーボードや近代科学、電話など、障害者へのアクセシビリティ改善技術が誰にとっても役に立つテクノロジーへと変換されたものは、歴史上数多くある。

いる。

　音声合成技術と文字認識技術は、１９７０年代に視覚障害者のための読書装置として初めて実用化された。今では、視覚障害者支援を超えたあらゆる場面で利用されている。

　最近話題の生成ＡＩの一つである「視覚言語モデル（ビジョン・ランゲージ・モデル）」は視覚障害者のニーズが、研究のモチベーションの一つと言われている。視覚障害者のために画像から説明文を作成するシーンキャプショニングもビジョン・ランゲージ・モデルの機能の一つとして実現できる。動画を説明する研究も進められており、近い将来このようなＡＩが視覚障害者の視覚を補うようになると期待される。

　障害者のニーズが新たなイノベーションを生み出すきっかけとなり、それらが社会に実装されることですべての人々の生活の質が向上できる。障害×テクノロジーは私たちの想像をはるかに超えた未来を作る可能性を秘めている。

誰も取り残さない

前ページの図を見てほしい。残念なことが一つある。日本の事例が一つもないのだ。なぜだろうか？

フラン・ヨハンセンは『メディチ・エフェクト』という本の中でこの理由について次のような趣旨のことを述べている。

「イノベーションは多様な視点を合成することで生まれる。そのため、多様性のあるチームの方がより多くの新しいアイデアを生み出すことができる」

ホームページ・リーダーは私の視覚障害者の視点、伊藤さんの音声合成技術開発者の視点、他の研究員のウェブ開発者の視点、さまざまな視点が交差したところに生まれた。「多様な視点の交差点」が社会に多く存在していなければ、イノベーション誕生の機会も減ってしまう。

そのためには企業や研究機関に多様な視点を持った人が混ざり合い、同等に意見を交換し合う必要がある。日本でこのような場を広く作ってきただろうか？　私はＩＢＭの多様性を重視するカルチャーの中で人生を歩んできた。しかし日本にはまだまだそういった文化が根づいていないと感じている。

また、こうしたイノベーションを生み出すためには非常に長期にわたる研究開発と資金が必要だ。音声合成や音声認識などは1960年代から40年以上の開発ののち、2010年代になってようやく広く日常的に使われる技術になった。海外では音声技術の開発に視覚障害者のニーズが取り入れられたと言われている。日本ではこうした目的に投資されてきただろうか?

全世界で推定13億人、6人に1人が何らかの障害を経験していると2022年にWHOは報告している。世界人口の約16パーセントにあたる数だ。その数は、高齢化や慢性疾患の増加などのために上昇傾向にあるとも言われている。

障害者のインクルージョン、つまり障害者を含む多様な人々が互いに認め合い、特性が活かされて十分に活動できることは、国連のSDGs(持続可能な開発目標)の中でも不可欠なものとなっている。障害者の雇用をはじめとした社会参加を促進することで新たなイノベーションが生まれる可能性があると確信している。

初めはわからないこともたくさんあるだろう。多様性とはわかりにくく、理解するのに時間がかかることもあるだろう。職場や学校で、たとえば外国の方やLGBTQ+、障害者といった異なる文化、習慣、考え方、価値観、性的指向を持つ人とともに歩んでいくためには、新たな思考回路を必要とする。戸惑うこともあるだろう。これまでの日本社会では、多様性を持つ人々の存在が見えにくくなっていたように思える。

しかし、そうやって見過ごしていた場所に、未だ発見されない才能、キラリと光る視点を持った原石が眠っている。誰も取り残さない世界は、誰にとっても暮らしやすい世界を目指している。

第6章
企業のトップとともに考える

アクセシビリティの重要性を伝えるために

多様性を活かすことができるアクセシブルな社会は、一つの企業、一つの大学、一つの組織で実現できるものではない。なぜなら一つのテクノロジーを開発しても、それを社会に実装するためには、社会のしくみや法律を見直し、社会の理解を得ることが必須だからだ。

アクセシビリティの重要性を広く社会に伝えるために自分たちに何ができるのか。そこで出てきたアイデアの一つが、企業のトップと一緒に、アクセシビリティが抱える課題について議論することだった。

情報や移動のアクセシビリティの目的は教育、就労、そして日常生活の質の向上である。私自身もやりがいのある仕事に就いたことで人生が大きく変わった。

企業にとっても、どうすれば企業活動の一環として当たり前のように障害者を雇用できるのかが課題になっていた。障害者雇用が企業の成長につながるものへとシフトしていく必要があると感じていた。そして私は、自分自身の経験から、情報や移動のアクセシビリティ技術なくしてこうした就労が難しいことも理解していた。

ジェニーのバーへようこそ

企業のトップに向けて、新たな障害者雇用モデルを確立することを目的に、2010年から「天城《あまぎ》アクセシビリティ・CEOセミナー」を開催することになった。IBMは富士箱根伊豆国立公園内に「天城ホームステッド」という外部の方をお招きできる宿泊型の研修施設を持っている。この場所を使ってセミナーを開催することにした。

このセミナーでは二つの講演と、グループ討論に加えて、「ダイアログ・イン・ザ・ダーク（Dialogue in the Dark）」というワークショップを実施した。私は一つの講演を担当し、もう一つの講演は著名な研究者の方をお招きしてお話ししていただいた。

私の講演は90分という長時間であったが、参加されたトップのみなさんは最初から最後まで熱心に聴いてくださり、多くのご質問をいただいた。とても手応えのある時間だった。

グループ討論では、障害者就労の課題や、テクノロジーの可能性について議論することもできた。その中で、視覚障害者の職種を広げるために、情報と移動のアクセシビリティが果たす役割についても議論できた。

「ダイアログ・イン・ザ・ダーク」は、光が一切入らない暗闇の中で、一人で歩いたり、ゲームをしたりと日常生活のさまざまなシーンを体験する、というものだ。この暗闇の中の体験は、視覚障害者が案内して行う。天城では特別な企画としてワイン会を行った。

「ジェニーのバーへようこそ！　これからジェニーがみなさんにワインを注ぎますね」。そう説明すると、ヒソヒソとジェニーは誰なのかという声がしている。私は暗闇の中でニコニコしながら、ワインを注いでは参加者一人一人の席に届けた。ある方が「おかわりお願いします」と言うと、隣の方が「私の分を半分差し上げましょう」とワイングラスを傾ける。それがグラスの中には入らずテーブルにこぼれ、暗闇にワインの香りが広がっていった。

暗闇でワインを注ぐには、ボトルとグラスの角度が重要である。目で見て行っていたのと同じ感覚で、暗闇の中で行ってもうまくいかない。

このワークショップを通して、視覚障害者には〝見え〟ているものが、ふだん見えている人たちには〝見えない〟ことが体験できる。また、暗闇の中では視覚以外の感覚、聴覚、触覚を最大限に活かして状況を把握し、コミュニケーションを行う必要があると身をもって知ることができる。

終了後に「さっきのジェニーは浅川です！」と伝えると、参加者のみなさんは驚かれていた。この前に90分の講演を行っていたのに、暗闇の中で私の声が認識できなかったことに、私が驚いた。

企業トップと社会の理解を得るために

この天城のセミナーがCEOのみなさんの間で話題になることがあると聞いた。このセミナーを通して、アクセシビリティ技術の重要性や、それが障害者就労に果たす役割についての認知度も向上したと感じている。

第一回のセミナーには、森ビルの故・森稔《みのる》さんも参加されていた。「私たちは暗闇の仲間です」と終了後のディナーのスピーチでおっしゃった。森さんにとっても、印象深い体験だったのかもしれない。

天城アクセシビリティ・CEOセミナーは、2010〜14年の5年にわたって実施、のべ70名以上の企業トップの方が参加され、障害者雇用やアクセシビリティ技術についての議論を深めることができた。このセミナーが発展し、2011年からは有志団体として「企業アクセシビリティ・コンソーシアム（ACE：Accessibility Consortium of Enterprises）」が発足、2013年には一般社団法人へと発展し、活動が続いている。IBMの及川政志《おいかわまさし》さんはこの活動をリードするとともに、新たな障害者雇用モデルの確立を目指して活動している。

現在ACEの理事のお一人である清水建設の会長・宮本洋一さんには、最初の頃からAC

Eの活動を支えていただいている。天城のセミナーでお会いした時、建物内に配置されている点字ブロックを新たな素材やテクノロジーを使って変えることができれば面白いのではないか、という会話をしたことを覚えている。今でもこれは宿題だ。

ACE設立10周年記念となる2022年の年次フォーラムでの私の講演の後、もう一人の理事であるセコムの会長・中山泰男さんは「セコムのビジネス、安全性に通じるところがあるので、ぜひまたお話ししましょう」と、話しかけてくださった。

そして代表理事である日本IBM社長の山口明夫さんは、多様性が企業の成長に資すること、イノベーションの源泉になることを広く社会に示されている。

多様性とそれを実現するためのアクセシビリティ技術の発展には組織全体、時としては社会を見渡した判断が必要になる。そのため企業のトップをはじめとした組織の上に立つ人々のコミットメントが重要であることを、セミナーとそれに続く活動によって実感することができた。

最終的には組織の文化の問題でもある。多様性を受け入れて競争力にまでつなげるためには、そうしたプロセスを自然なものとして実行できる文化を組織が持つ必要がある。セミナーやACEでのトップの言葉から日本もこれから変わっていけるとの手応えを感じた。

第7章

移動のアクセシビリティ実現に向けて

いよいよリアルワールド・アクセシビリティに挑戦

スマホやインターネットの普及により、情報のアクセス環境は飛躍的に向上した。今後も生成ＡＩをはじめとした新たな技術の登場により、この波は続いていくだろう。しかし、移動のアクセシビリティに関しては、先にも述べたように地図アプリを利用したアクセシビリティの向上にとどまっていた。

２０１０年以降のスマートフォンの爆発的普及や、さまざまなセンサーの普及をみた時、今こそリアルワールドにおけるアクセシビリティにチャレンジする時が来たと感じた。現在でも、街を歩いている時、周囲にどんな建物があって、どんなお店があるのか、そのお店の中にはどんな品物がどのように置かれているのか、そのお店の前には行列ができているか、周囲にはどんな人たちが行き交っているのか、また知り合いが向こうから歩いてきているか、こうしたことが私にはわからない。晴眼者であれば当たり前に「見る」ことができている情報を、技術の助けなしに「見る」ことができない。

こうしたリアルワールドにおけるさまざまな課題を移動のアクセシビリティとともに解決し、視覚障害者の生活の質を向上させる。これを私たちは「リアルワールド・アクセシビリティ」と呼ぶことにした。そしてこの10年、新たなテクノロジーの開発に取り組んできた。

視覚障害者のためのナビゲーション・システム「NavCog《ナブコグ》」の開発

スマホを使って、視覚障害者のリアルワールド・アクセシビリティを向上させたい。そこでまず２０１３年頃から、視覚障害者のためのナビゲーション・システムの開発に取り組み始めた。「ＮａｖＣｏｇ（ナブコグ）」と名付けたシステムだ。

当時も現在もそうだが、ＧＰＳをはじめとした衛星測位の信号は屋内にはほとんど届かない。そのため、屋内での測位精度は非常に悪く、視覚障害者が屋外で使っている位置情報を使ったアプリは屋内では利用できない。そこで私たちのチームは屋内で視覚障害者を誘導するための方法を議論し、ＮａｖＣｏｇプロジェクトを立ち上げた。

ちょうどその頃「Bluetooth Low Energy ビーコン（ＢＬＥビーコン）」というＢｌｕｅｔｏｏｔｈ信号を発信する小型のデバイスが注目を集めていた。スマホはこのビーコンの信号を、ある程度まで近づくと受信することができる。電波の強さは設定で変更できる。このしくみを利用して、目標までの距離を視覚障害者に伝える取り組みもあったが、現在の位置を測定できるわけではなく、応用が限られた。

そこで私たちは視覚障害者を屋内で誘導するための基盤となる、高精度な位置推定アルゴリズムを開発した。

まず、建物内に10メートルから20メートル程度の間隔でビーコンを設置する。次にスマホを持って、建物内を移動しそれぞれの位置で受信できるすべてのビーコンの信号の強度を測定し、位置ごとの電波強度の地図を作成する。そして、使用時には測定した電波から逆に位置を推定する。

この時、スマホに搭載された各種センサー（加速度計、ジャイロスコープ、気圧計）などの情報も精度向上のために利用している。これによりＮａｖＣｏｇは１〜２メートルの誤差で現在位置を推定し、視覚障害者を誘導することができるようになった。ＮａｖＣｏｇ開発時から現在に至るまで高精度な位置推定の技術にチャレンジし続けているのが、ＩＢＭの研究員・村田将之《まさゆき》さんだ。

ＮａｖＣｏｇをある建物で動作させるためには、建物内の位置推定モデルに加えて、ルートを示すトポロジカル・ルート・マップと、建物内の情報を持つポイント・オブ・インタレスト（ＰＯＩ）マップを準備する必要がある。

トポロジカル・ルート・マップとは、目的地や分岐点など特定の位置を示すノード（結節点）を線で結んで移動経路を示す地図である。ある地点から目的に向かうルートを見つけるために用いられる。

ＰＯＩマップには、たとえばお店の名前と簡単な紹介、エレベーターやエスカレーター、トイレなどの情報が位置情報に紐づけられて登録されている。

ユーザーはこうした地図の中からＮａｖＣｏｇを使って目的地を選択することができる。ＮａｖＣｏｇが目的地までの案内を開始すると、その後はＰＯＩや、次の曲がり角までの距離（距離は進むにつれ変化する）、曲がるタイミングなどを音声で読み上げる。

ＮａｖＣｏｇのデモがＴＥＤに登場

このＮａｖＣｏｇを私がデモンストレーションしている動画（ＴＥＤ・左記の二次元コードの５分30秒あたり）をご覧いただきたい。このビデオではＮａｖＣｏｇだけでなく、画像解析や顔の表情認識などの基礎研究段階の技術も取り入れて将来の展望を紹介した。

動画の中では、まずＮａｖＣｏｇで建物内から中庭を通って別の建物にある目的地まで到着するシーンを紹介した。次に、知り合いのニック（すでに何度も登場している陽気なイタリア系アメリカ人のドノフリオではない。コンピューター・ビジョンの博士課程の学生だったニックだ。念のため）とすれ違った時、システムが私に

「Nick is approaching. Looks so happy.（ニックがやって来ます。嬉しそうです）」と教えてくれた。これには表情認識の技術を用いた。

そこで私は、「Hi, Nick! You look so happy.（こんにちはニック！　何か嬉しそうじゃない？）」と話しかけることができた。動画の中のニックは派手に驚いてくれた。

カフェのカウンターで、リンゴかチョコレートかを迷って、チョコレートを手にすると「You gained 5 pounds since yesterday, take an apple instead of chocolate.（昨日から体重が2キロ増えています。チョコレートでなくリンゴにしましょう）」と提案してくれた。これには画像認識技術を用いている。この二つのシーンで会場は大爆笑だった。

この動画で現在開発中の技術と将来の展望を紹介できたことで、世界中にテクノロジーが障害者の人生を変える力があると伝えることができたと思う。この時ステージに一人では移動できなかったのでスピーチの最後は、「次回は（テクノロジーを使って）ステージのこの場所まで一人で来られるようにします」というメッセージで終わった。この思いが後の技術開発につながっている。

NavCogの展開と課題

NavCogは清水建設が運営を担当し、現在はバリアフリーのナビゲーション・システテム「インクルーシブ・ナビ」として公開されている。２０１９年10月からは、三井不動産、清水建設、日本ＩＢＭが共同で、屋内測位環境を整え、東京都中央区日本橋のＣＯＲＥＤＯ《コレド》室町《むろまち》１・２・３で利用できるようになっている。左記二次元コードのリンク先にアプリも用意されているので、機会があればぜひ試してみてほしい（２０２３年９月現在）。このほか、日本科学未来館や首都圏のいくつかの場所でも利用できる。

　ＮａｖＣｏｇの要素技術は、その後のリアルワールド・アクセシビリティの研究において大変重要な役割を果たしてきた。しかし、いくつかの課題がある。

　一つは、ビーコンの設置とメンテナンスの課題である。ＮａｖＣｏｇでは、10～20メートルおきにビーコンを設置する必要がある。ＣＯＲＥＤＯ室町の場合には約２２０個設置する必要があった。設置は早朝や深夜など人がいない時間帯に行った。

　バッテリーのメンテナンスは手間がかかる。私のこれまでの経験によると、設置して約１年過ぎると一定数のビーコンのバッテリーがなくなり、位置推定精度が低下していた。この状態になると、バッテリーをすべて交換するか、バッテリーのなくなったビーコンを探して交換するかの、どちらかの作業を行う必要がある。ＮａｖＣｏｇの運営には少なくとも一年に一度の点検が必要である。太陽光や照明光で充電できるＢＬＥビーコンも存在するが、光が十分に当たらない環境では安定して稼働しないので使用は難しい。

二つ目の課題は、ＢＬＥビーコンによる位置推定精度の限界である。Ｂｌｕｅｔｏｏｔｈ信号の強度には揺らぎがあるため、高精度な位置推定ができる機械学習を使ったとしても１～２メートルの誤差の壁を越えることは難しい。また、体育館や映画館などの開けた場所では、ビーコンの設置場所が限られるため位置推定の精度が落ちる。このような状況から、ＮａｖＣｏｇを導入する時には、その場所が適しているかどうかを検証する必要がある。

ＮａｖＣｏｇの目標は、視覚障害者が白杖または盲導犬と一緒に、目的地に向かうことを支援することである。そのため途中の障害物や、歩行者との衝突を回避することは含まれていない。より高精度な位置推定によるナビゲーション、およびこれらの衝突回避はリアルワールド・アクセシビリティのその後の研究テーマである。

「一歩先」を知ることの重要性

白杖には視覚障害者のモビリティを支援するためのいくつかの役割がある。その一つは、一歩先が安全かどうかを確認することである。たとえば、一歩先に障害物や段差があれば、白杖が先にぶつかる。穴があれば、白杖が空を切る。また、白杖を通して床の素材を感じることができるので、一人で歩いている時には大切な目印となる。白杖を左右に均一に振り続けることで真っ直ぐ歩くこともできる。

視覚障害者が白杖を使わないで街を歩くための技術を開発するとしたら、この一歩先の情報を認識することが必須である。ウェアラブルデバイス（身につけられる機器）では、地面から身長の高さまでに存在する障害物を、高精度かつリアルタイムに認識することは難しい。また、これだけの処理すべてをウェアラブル側で実行するには、処理能力が足りない。クラウドにつなぐと、ネットワークが切れたり、回線自体の速度が不安定だったりするので利用できない。

また、現状のウェアラブルデバイスで解決が難しいもう一つの問題がある。視覚障害者が白杖を左右に振って真っ直ぐ歩こうとしても、いつの間にか曲がってしまう現象「ベアリング」が発生する。

ベアリングはよく知られている独り歩きをする上での課題である。たとえばリアルタイムで周囲の地図を作成する技術（ＳＬＡＭ：Simultaneous Localization and Mapping）を使えばベアリングしたことは認識できるが、それをユーザーにリアルタイムで絶えず伝えることは認知負荷がかかりすぎる。

「光速エスパー」に出てくるチカを作りたい

リアルワールド・アクセシビリティの研究を始めた時、私はいつか「光速エスパー」の中に出てくる「チカ」のようなロボットを作りたいとチームに共有し、発信してきた。なぜ私がこのようなロボットが必要と考えたのか。言葉で説明するのではなく、「チカ」という具体的なイメージで伝えることで、研究に参加するメンバーは研究の背景や、アプローチについて考え始めることができるはずだ。実際、動画を見ただけでみんな「なるほど」と理解してくれた。

「光速エスパー」は1967年から68年にかけてテレビ放送された子ども向けのSF番組だった。

主人公の東ヒカル少年が強化服を着ることで特殊な能力を身につけ、光速エスパーとなって敵と戦うという内容だった。子どもの頃好きだった番組で、兄弟たちとよく一緒に観ていた。

その光速エスパーの肩に乗った小鳥型のサポートロボットが「チカ」。チカは、主人公に、その日の天気から敵の正体、戦い方、目的地への到達予想時間まで、あらゆる情報を主人公の光速エスパーに知らせてくれる。チカが、私のリアルワールド・アクセシビリティのゴールだ。

チカのようなサポートロボットがあれば、障害物やエスカレーター、エレベーターの場所、横断歩道や信号など、一人で歩くために必要な情報を教えてくれるのではないか。毎日の洋服のコーディネーションから、会議中の参加者の様子（笑っている、居眠りしている、真剣な顔をしている）まで、私たちの視覚を補うさまざまな情報を伝えられると考えた。

チカは肩の上に乗っているのでウェアラブルデバイスである。そこでウェアラブルを実現するために、さまざまなカメラやセンサーの機能を調査して、実現可能性を検討した。結論から言うと、ウェアラブルでは、これらの技術を利用しても、一歩先を認識して視覚障害者を安全に誘導することは不可能ということになった。

そこで私が提案したのはスーツケース型のロボットだった。

第8章
アメリカの大学で研究する

ロボティクスの専門家との出会い

リアルワールド・アクセシビリティの実現を目指して研究を進める時、以前から尊敬していたカーネギーメロン大学の金出《かなで》武雄先生に相談させていただける機会はないかと考えていた。

私が初めて先生を知ったのは、IBMの研究所で行われた先生の講演を聴いた時だった。金出先生の著書に『独創はひらめかない――「素人発想、玄人実行」の法則』という本がある。先生は、発想は単純、素直、自由、簡単でなければならない。しかし、発想を実行するためには専門知識と、技術が必要であるとおっしゃっている。

この言葉に私は、大変感動した。私は普通の人であり、視覚障害者ユーザーとして、いつも自分の欲しい技術を自由に考えて発想してきた。そして、その発想を実行するために、必要なスキルを持った仲間とともに研究してきた。自分のアイデアや夢を実現していくために、私自身もさらに知識を深め、目標達成のためアクセシビリティの専門家として成長していかなければならないと感じた。

国際計算機協会（ACM）の会議の一つASSETSが、2009年にカーネギーメロン大学があるピッツバーグで開催された。事前にメールを差し上げて、無事お会いすることができた。金出先生のこれまでの研究のお話を伺ったり、私のリアルワールド・アクセシビリティの構想をお話しし、助言をいただくことができた。

この時のミーティングがきっかけとなり、金出先生には、2010年の第一回天城アクセシビリティ・CEOセミナーで講演していただいた。そのセミナーで私も講演したのだが、先生は講演を聞いて、とても良い研究だと褒《ほ》めてくださった。尊敬する先生に研究内容を褒めていただいたことで、リアルワールド・アクセシビリティの研究を進めていく勇気をもらった。

ここで金出先生の業績を紹介したい。先生は、1980年から今日までロボティクスの専門家としてカーネギーメロン大学に在籍されている。1992年から2001年まではカーネギーメロン大学ロボティクス・インスティチュートの所長をされていた。

たくさんの功績を残されている金出先生だが、最も有名な功績は2001年開催の第35回スーパーボウルでお披露目されたEye Visionという技術に関するものだろう。

まずスタジアムの周囲に約30台のカメラを設置し、アメリカンフットボールのプレイヤーをあらゆる角度から撮影する。すると、たとえばパスのレシーバーが片手でボールをキャッチした決定的な瞬間を、時が止まったかのように停止させて、選手を360度回り込んで見ることができる。この技術を実現するには30台あまりのカメラの動きを同期させ、動いている一人の選手にすべてのカメラがフォーカスを合わせて撮影する必要がある。

こうした高度な技術を実現したのが金出先生である。このスーパーボウルの中継でEye Visionを作った研究者としてその姿が映し出された。スーパーボウルの中継で紹介された日本人は後にも先にも金出先生だけだと聞いている。また、1980年代、今から40年も前からいち早く自動運転技術の開発を手掛けた人でもある。

アメリカトップクラスの大学で研究しよう

リアルワールド・アクセシビリティを実現するためには、さまざまな大学や研究機関などとの協業が必要だ。私たちの研究チームには、ユーザーインターフェースや画像処理技術、位置推定技術などの専門家はいるが、それだけでは十分ではない。より多くの専門家たちと一緒に研究できる方法はないかと考えた。

そこで、金出先生に相談した。何度かお話をしているうちに、私はカーネギーメロン大学でリアルワールド・アクセシビリティのプロジェクトを立ち上げることはできないかと考えるようになった。ＩＢＭフェローとしての立場と、日本ＩＢＭとの連携をそのままに、カーネギーメロン大学の学生や研究者と一緒に研究を進められないかと考えたのである。

カーネギーメロン大学は人工知能やロボット工学、プログラミング言語などの分野で世界の最先端を走り続けている大学である。まさにリアルワールド・アクセシビリティのプロジェクトを推進していく上で、最適な環境だと考えた。

カーネギーメロン大学で新たにプロジェクトを立ち上げるためには、日本からリードするのは難しい。日本ＩＢＭと連携したまま研究を続けるには、米国ＩＢＭに赴任する必要があった。

カーネギーメロン大学でのプロジェクトの立ち上げと、米国ＩＢＭへの赴任の両方の承認を取るのはかなりの難問だ。大学では金出先生が、リアルワールド・アクセシビリティは良い研究テーマであると強力にサポートしてくださった。ＩＢＭではジョン・ケリーが、これは重要な機会である、ぜひ進めるべきとサポートしてくれた。

その結果、翌２０１４年９月から、ＩＢＭとカーネギーメロン大学のサポートを得て研究室を持つことが決まった。大学ではＩＢＭ特別功労教授という肩書きをいただき、コグニティブ・アシスタンス・ラボを立ち上げることになった。

ラボ開設の日程が決まった後、金出先生から連絡があった。なんと、金出先生は２０１３

年末までに日本に帰国されるということだった。以降、金出先生は日本を拠点としてカーネギーメロン大学や、世界へと飛び回っておられる。

残されたのは、先生が長年愛用されていた椅子。金出先生がカーネギーメロン大学で30年以上にわたって築いた華々しい歴史を支え続けた由緒正しい椅子を譲り受けた。椅子を残すにあたり、金出先生はこうおっしゃった。

「私の名前は金が出ると書いて金出です。この椅子に座ってたくさんの提案書を書いて通してきました（お金が出た）。浅川さんもこれで研究費を獲得してください」

私もいつか一度はアメリカで研究をしてみたいと思っていたが、チームから離れて一人で研究を進める自信がなかった。それだけにさまざまな方の理解とサポートを得て米国赴任が実現できたことは嬉しかった。また一つ壁を乗り越えられたと思った。

ラボを軌道に乗せる

アメリカに行って驚いたことの一つが、自分で行動を起こさなければ何も進まないということだ。些細《ささい》なことだが、文房具や名刺の注文から、ホームページの作り方まで、待っていても誰も教えてくれない。自分から誰にコンタクトすればよいか、ホームページのどこにアクセスすればその情報があるかなど、調べて行動を起こさなければならない。

ラボのメンバーを集めるのも、もちろん私の仕事だ。ホームページでプロジェクトメンバーを募集したが、初めは誰からも連絡がなかった。国際学会などで発表していたので、興味を持ってくれる学生や、研究スタッフが現れるかと思ったが、そうではなかった。

このままではせっかくラボを立ち上げたのに、研究を進めることができない。これまでなんとか壁を乗り越えてきたが、今回ばかりは無理かもしれないと思う時もあった。

しかし、3か月が過ぎた頃から学生が一人、また一人と集まり、1年が過ぎた頃からは世界中からポスドク（博士課程を修了したばかりの研究者）が集まってきた。

ラボのメンバーが集まったことで、IBMで研究していたNavCogのプロジェクトを、カーネギーメロン大学でも開始した。大学の建物内や中庭、空港や病院、美術館など次々と実験できる場所を拡大し、これまでできなかった研究ができるようになった。

たとえば、NavCogで読み上げるPOIマップの情報を体系化し、ユーザー実験を通して、優先順位を検証した。また、NavCogで利用するルートを、建物の3Dデータから自動生成するアルゴリズムも研究した。ラボで行った研究は、ほとんどすべてが国際学会や、論文誌での発表となり、アクセシビリティ研究の重要性をより広く社会に示すことができるようになった。

こうして研究も軌道に乗り始めたところで、大きな問題に直面した。研究費だ。研究室運営の資金を集めるために、私はこれまでに出会ってきた企業の方々にお願いできないかと考え、実行に移した。

最初に相談に伺った清水建設の宮本洋一会長より、「リアルワールド・アクセシビリティは建設会社にとって非常に大きな課題であり、カーネギーメロン大学のアクセシビリティチームを支援し、ともに活動することは非常に良い機会になる。プロポーザルをまとめて提出してください」とのアドバイスをいただいた。その言葉に従ってプロポーザルをまとめ、提出。数か月後には清水建設より、コグニティブ・アシスタンス・ラボへ研究支援をいただくことが決まった。

後でわかったことだが、清水建設は以前から大学と協業し、未来に向けたプロジェクトの支援をされていた。カーネギーメロン大学でも古くは宇宙ステーション用の歩行ロボットの研究プロジェクト、近年では目視検査ができない橋の橋脚部分の老朽化などをロボットで探索するプロジェクトへの支援を行ってきた。清水建設が持つ未来志向に助けられたかたちとなった。

金出先生のおかげでカーネギーメロン大学での研究室が立ち上がり、清水建設のおかげでそれを維持することができた。

カーネギーメロン大学には、ロボティクスの分野で顕著な業績を上げた研究者が何人もいる。たとえばサッカーロボットチームなど自律型ロボットの研究で知られるロボット工学研究者のマヌエラ・M・ヴェローゾや、映画「ベイマックス」のロボット・デザインに関わったことでも知られるヒューマノイドロボット研究者のクリストファー・G・アトケソンなどである。もちろん金出先生もその一人だ。

優れた研究者と日常的に会話し、議論できたことはとても大きな収穫だった。当時、機械学習学部長でもあったヴェローゾは、視覚障害者のためのナビゲーションロボットのアイデアに共感して、米国国立科学財団（NSF：National Science Foundation）のグラント（競争的資金）を一緒に申請し、獲得することができた。

カーネギーメロン大学とIBMのアクセシビリティチームの協業は順調に進み、多くの成果を出すことができた。そこでカーネギーメロン大学での研究を続けるために、アメリカでの赴任期間を2年間延長し、その後2018年4月に米国IBMに転籍した。

TEDのプレゼン技術の秘密に触れる

カーネギーメロン大学で研究を行っていた2015年10月に「How new technology helps blind people explore the world（視覚障害者が世界を自由に探索できるようにする新技術）」と題して、TEDに登壇する機会がやってきた。

ＴＥＤは非営利団体で、「広める価値のあるアイデア」をスローガンとして掲げ、世界中のさまざまな講演をオンラインで無料配信している。起業家のイーロン・マスクや元アメリカ大統領のビル・クリントン、スター・ウォーズでカイロ・レンを演じたアダム・ドライバーなど、各界の著名人や多くの研究者が登壇している。発表者のプレゼンテーションスキルは非常に高い。

このＴＥＤに登壇したことで、新しい視点に立ったプレゼンテーションのスキルを身につけることができたと思う。

学会や研究会とは違い、ＴＥＤの参加者や視聴者は非常に多様だ。異なる分野の専門家、投資家、教育者、そして世界を良くする新しいアイデアに興味を持っている一般の方々。どうすればすべての人にわかりやすく自分の研究を伝え、理解してもらえるかについて、ＴＥＤのノウハウを教えてもらうことができた。

時には演技指導かと思える場面もあった。実際、ＴＥＤチームの中には舞台俳優の指導をしている方もいた。練習中にハムレットの「To be, or not to be」という有名なセリフを感情を込めて言ってみてと求められたこともあった。どこで間を取り、どこを強調するか。これまでに経験したことのないスピーチトレーニングを、楽しみながら受けることができた。

ＴＥＤの講演はオンラインで公開されていて、これまでに約１５０万回再生されている。

このTEDのスピーチを通して、短時間であっても、伝えたいことをしっかりと検討し、わかりやすい言葉でまとめ、そして最後にはすべて暗記して伝えることで、一時間の講演と同等、またはそれ以上のインパクトを出すことができることを知った。準備にはもちろん時間がかかったが、その価値はあったと実感している。テクノロジーには障害者の生活・人生を変える力があることを伝えられたと思う。

殿堂入りと未来への約束

2019年に、全米発明家殿堂（NIHF：National Inventors Hall of Fame）に殿堂入りした。

日本ではあまり知られていないが、NIHFは1973年に発足した組織で、世界を変える技術を発明した米国の特許取得者を称えるとともに、彼らの経験を広く世界に発信する目的で運営されている。バージニア州にはNIHFのミュージアムもある。

第一回の殿堂入りは、あのトーマス・エジソンだった。これまでに600人以上の発明家が殿堂入りしている。日本人では青色発光ダイオードの開発者でノーベル物理学賞受賞者の中村修二さんや、世界でいちばん服用されている薬と言われているスタチンを発見した遠藤章《あきら》さんがいる。そして、私が日本人としては3人目の殿堂入りとなった。

殿堂入りを果たすと「ウォール・オブ・アイコン」というボードに六角形のプレートが飾られる。プレートの中には、その人を代表する特許の特許番号、名前と受賞発明の名称、そして受賞年が記載される。私のプレートに記された受賞発明の名称には「ホームページ・リーダー」とあった。

周辺のボードを見ると、私の上はＡｐｐｌｅの創業者である、あのスティーブ・ジョブズ！　ＮＩＨＦのホームページには、歴代の殿堂入りした人々が紹介されている（右記二次元コードのリンク先参照）。

授賞式のスピーチでは、自分がアクセシビリティ研究を始めた動機や、アクセシビリティ研究の進歩と重要性について語った。最後は「発明のきっかけは身近なところにあるのです」と締めくくった。会場からは大きな拍手をもらうことができた。

アクセシビリティという少数派のための技術に対する特許を、世界を変えた技術の発明者たちと同じ場に殿堂入りさせていただけたということに感動した。多様性がイノベーション創出のきっかけになるという考えが広がっているのだと感じた。

第9章 AIスーツケースの開発と社会実装

スーツケース型ナビゲーションロボット

いよいよ視覚障害者の移動を支援するナビゲーションロボットに挑戦することになった。そこで、どんなかたちをしていればよいのか、いろいろと考えた。

関連研究を調べると盲導犬ロボットのプロジェクトが過去に数多くあったことがわかった。研究としては大変参考になったが、機械が複雑で重い、開発コストがかかるなど、実用化に向けてさまざまな課題があった。小型で持ち運びができて、比較的安価なロボットを作るためにはどうすればよいだろうか。

私は一人で海外出張をすることが多い。空港でスーツケースと白杖を持って歩いていると、両手が塞《ふさ》がるので不便を感じていた。そこで、ふとひらめいた。スーツケースを前に押して歩いてみようと。そうしてみると、スーツケースが先に壁にぶつかってくれた。段差では先に落ちてくれた。スーツケースで私の一歩先を確認できるではないか。

さらにこのスーツケースにＡＩや認識機能、制御機能、モーターなど、ロボットに必要な機能を搭載すれば、視覚障害者のナビゲーションロボットになる。私の新たな旅のお供になるはずだ。それが「AIスーツケース」の研究を始めるきっかけだった。

AIスーツケースのプロジェクトは、2017年にカーネギーメロン大学の学生と始めることとなった。開始してすぐに、予想もしなかった数々の問題に直面した。

開発は、スーツケースのサイズに合うモーターや、コンピューター、カメラなどのさまざまな機器やセンサーを探すところからスタートした。

しかし、ユーザーの速度に合わせて動くために十分なパワーを持つモーターは、サイズが大きかった。そこで小さなモーターで試したところ、よちよち歩きの赤ちゃんのような速度しか出なかった。目的に合ったモーターを探すまでには、大変な時間がかかった。

すべてのパーツをスーツケースの中に組み立てて稼働させたところ、今度は安定して動かず、左右に振れて進むという状況だった。スーツケース型というアイデアは、私としては気に入っていたのだが、これは技術的に無理があったのではないか、リサーチプロトタイプにとどまってしまうのではないか、という不安がよぎる日もあった。

ソフトウェア面でも問題があった。通常の自動走行ロボットは、最短の距離で移動するように設計されている。そのため曲がり角では、ぶつからない程度に、できるだけ壁に近づいて曲がる。

私たちのロボットは、ユーザーである視覚障害者が隣を一緒に歩くので、その幅を計算して曲がれるようにする必要があった。そうしないと、ロボットは曲がれるが、視覚障害者は壁にぶつかってしまうからだ。こういった特別な処理は、ロボットを制御する既存のソフトウェアには含まれておらず、新たに開発する必要があった。

不可能を可能にする〝むちゃぶり力〟

「チカのようなロボットを作りたい！　かたちはスーツケース型だ！」

視覚障害者の目の代わりとなって、自由に移動することを助けてくれるロボットを作りたい。そして道がどんなに遠くても、リアルワールド・アクセシビリティを実現する。私のこうした不可能とも思われる目標設定は、〝むちゃぶり力〟と呼ばれているらしい。おそらくこれは、私が一人一人のメンバーを信頼し、彼、彼女ならできるはずという確信があるため、むちゃぶりとも思える目標を立ててきたからかもしれない。

しかし研究の一つの側面は、無理だと思えることを実現に近づける努力をすることでもある。

普通の人である私が、デザインし使えるようにしなければ、他の人にも使いやすいと感じてもらえない。

ＡＩスーツケースの先にあるチカは、視覚障害者の移動を支援するだけでなく、就労、教育、日常生活のあらゆる面で視覚障害者の視覚を補うツールになるだろう。これを実現するためには、ＡＩをはじめとした最先端の科学技術が必要になる。これは、コンピューターサイエンスにおけるグランドチャレンジの一つと言える。

「技術的に無理」という話をよく聞く。しかし、解決策を頑張って探したり、専門家と議論を重ねたりすることで解けることも多い。また、テクノロジーが進歩していつの間にか解決している場合もある。

いずれにしても、あきらめては前に進めない。このような思いと信念を支えてくれたのが、ＩＢＭやカーネギーメロン大学の仲間であった。彼らは、目標達成のための私のむちゃぶり力を理解してくれていたと思う。

ＡＩスーツケースの初めてのユーザー実験

カーネギーメロン大学で、初めての試作品が完成したのは２０１８年。まだ普通のスーツケースの中には収まらず、大きめの金属フレームを使った。動かすと掃除機のような音がした。学生が廊下で実験している時、私は勘違いして、「なんで掃除機をかけているの?」と聞いたほどだ。

それでもなんとか、視覚障害者ユーザーを招いて、初めての実験ができるまでになった。ポルトガルから来ていたポスドクがリーダーとなって、10名の視覚障害者と実験を行った。その結果ロボットの使用前と使用後で、ロボットに対する信頼度が著しく向上した。この成果はＡＩスーツケース初めての論文として２０１９年のＡＣＭの国際学会ＡＳＳＥＴＳで発表することができた。

次に開発した第二世代のＡＩスーツケースは、まだ中身はスーツケースと一体化されていなかったが、パーツが小型化されたことで、市販のスーツケースをかぶせることができた。ついに、見た目がスーツケースになった。

第二世代の開発の頃から、ＩＢＭのアクセシビリティチームも積極的に研究に加わるようになり、ハードウェア、ソフトウェア面で進化を遂げた。この時期には私はもうＡＩスーツケースの実現は不可能ではなく、可能であると確信するようになった。

カーネギーメロン大学の研究室では、２００５年にＩＢＭの東京基礎研究所に入社し、現在は同大学に移った佐藤大介さんが中心的な役割を担っている。佐藤さんは入社後はアクセシビリティチームに所属し、前述したＮａｖＣｏｇのＵＩの研究開発をリードした後、今ではＡＩスーツケースのリード・リサーチ・エンジニアとして活躍している。

街になじんで格好良いスーツケース

第三世代は、いよいよ「本物のスーツケース」だ。２０２０年、グローブ・トロッター社の協力を得て初めて、スーツケースメーカーが作る市販のスーツケースに一体化することができた。

グローブ・トロッター社と協力できたのは、日本人インダストリアルデザイナーの吉本英樹さんが紹介してくれたからだった。私がロンドン大学で講演した際に吉本さんと出会い、それがご縁となった。吉本さんには、このスーツケースの内部設計も担当いただいた。ＡＩスーツケースの開発でも、人との出会いが次の段階へと進めてくれた。

なぜ実証実験が重要なのか？

カーネギーメロン大学では約4年間かけて三世代のＡＩスーツケースを開発した。そして、ようやく外部で実証実験が可能なプロトタイプモデル（試作モデル）を完成することができた。

カーネギーメロン大学はペンシルバニア州にある。その最寄り空港はピッツバーグ国際空港だ。２０２１年、ここで初めて空港でのＡＩスーツケースの実証実験を行うことになった。

現在のＡＩスーツケースの完成度が90点だとすると、２０２１年のピッツバーグ国際空港でのテスト時はまだ50点くらいだったと思う。しかし、たとえ50点でも、アメリカにはプロトタイプモデルを持ち込んで実験することを受け入れてくれる寛容さがある。技術の重要性と、それを実験することの必要性を理解し協力してくれる。

なぜこうした実証実験が必要なのか？　開発段階で、現場で起きるすべての問題を把握して、初めから完璧なシステムを作ることは難しい。そのため現場で実証実験をすることに大きな意味がある。そこでは予期せぬ状況により、システムが想定外の動きをし、これまで気づいていなかった新たな機能の必要性を発見することができる。ＡＩスーツケースのようなロボットの開発には、こういった目的で実証実験を繰り返すことが重要である。

実験担当は佐藤さんと早稲田大学の栗林雅希《まさき》さん。ある開始地点から、いくつかの搭乗ゲートに向かう実験を繰り返した。混雑していない場所では、何の問題もなく目的ゲートに到着できた。

次は、多くの人が行き交う場所で実験した。ここで問題が起きた。周囲を人に囲まれたため、ＡＩスーツケースが止まってしまったのだ。左右に避ける空間がなく立ち往生してしまった。

私は白杖を持っていなかったので、周囲には視覚障害者であることがわからなかったようだ。スーツケースと一緒にただ立ち止まっている私を見て、周囲の人たちは不思議そうな顔をしていたらしい。

別のケースでは、ＡＩスーツケースが対面の車椅子の方に近づいて、止まってしまった。ここでも私が視覚障害者とわからず、なぜ立ち止まっているのかと困惑された。

この実験を通して、二つの大きな課題が浮かび上がった。一つは技術的な課題である。ＡＩスーツケースは人ごみに入ると、どの方向に進んでもぶつかる可能性があると判断して進めなくなる。

また、さらに多くの人に囲まれた状況では、位置推定アルゴリズムが機能しなくなり止まってしまう。ユーザーの立場で考えると、立ち止まらず、自然に少しずつでも進んでもらいたいと思うであろう。

この問題に対応するためには、ＡＩスーツケース側に改良が必要である。画像処理技術を使って周りの人の動きに合わせて進む方法などを検討している。

もう一つの課題は、視覚障害者であることが周囲の人にわからないことから起きる社会的な課題である。混雑した中で立ち止まった時に周囲の人が不思議そうにしたケースと、車椅子の方の前で立ち止まったケースが、これにあたる。非常に難しい問題で、すぐに解決できない。当面の対応として、人ごみの中では周囲が不快にならない程度の警告音を鳴らしてはどうかと考えている。

完成を待ってから使い始めるということでは、永久に使えない可能性もある。時には走りながらどんどん改善していくという方法も必要だ。

視覚障害者は目立つべきか

これまでの実証実験を通して、ＡＩスーツケースと一緒に歩いている視覚障害者が、周囲の人に視覚障害者であることが明らかでないがゆえに生じる問題があることがわかった。本来不要だが、白杖を持つことで解決できる。しかし、視覚障害者の中には目立たず環境に溶け込むことを希望している人たちもいる。私もその一人だ。

１９６０年代に中途失明者のリハビリテーションで活躍したトーマス・Ｊ・キャロルが、目が見えなくなった時の感情を〝20の喪失〟として整理した。その中の一つが、「一般性の喪失」である。これは、「目立たない自由の喪失」とも解釈できる。視覚障害者は、白杖や盲導犬といつも一緒に歩くので目立つことは避けられない。ＡＩスーツケースは目立たずに一人で歩くことができる初めての技術だ。失った「目立たない自由」を取り戻せる可能性がある。

しかし、そのためには社会の理解が必要である。加えて、社会のしくみや法律も変えていく必要がある。たとえば現在の日本の道路交通法では、視覚障害者が一人で街を歩く時には、白杖を持つか、盲導犬と一緒であることが決められているからだ。

この点について、視覚障害者ユーザーと議論したことがある。複数の方が、ＡＩスーツケースと一緒に街を歩くことができれば目立たなくなる、周囲の人から見られているという緊張感がなくなる、街中をゆったりと散歩できる、といった期待を語ってくれた。一方で、何かあった時に視覚障害者であるとわからなければ、必要なサポートを得ることができないので不安である、と語った人もいた。

いずれにしても、視覚障害者自身が、状況に合わせて選択できる自由を持てるようにすることが重要だ。前にも述べたように、視覚障害者が必要と感じた時、あるいはシステムが必要と判断した時に、警告音を出すといった方法を準備すべきかもしれない。

ＩＢＭの粥川《かゆかわ》青汰《せいた》さんは、このような用途に利用できる適切なブザー音をデザインしたほか、ＡＩスーツケースを持った視覚障害者が周囲の歩行者からどのように受け止められるのかという調査も行っている。社会実装のためにはこうした周囲との関係性も十分に考慮していかなければならない。

「なにかあったらどうするんだ症候群」との闘い

アメリカでの実証実験は実施できた。次は文化の異なる日本でも実社会での実証実験を行いたい。ところが日本ではそう簡単ではなかった。実験の場所が確保できないのだ。日本人は慎重すぎて、完成前の試作品を使うことに抵抗があるのかもしれない。

これに関連して、元オリンピック陸上選手の為末大《ためすえだい》さんがｎｏｔｅの記事の中で以下のように綴《つづ》っておられた。要点を紹介する。

私たちの国は「なにかあったらどうするんだ症候群」にかかっています。（中略）この症候群には「未来は予測できるものであり、物事はコントロールできるものである」という前提があります。

「なにかあったらどうするんだ症候群」に罹《かか》った社会では未来は予測できることを前提としているために、何か起きた時にはどうしてきちんと予測しておかなかったのかと批判されることになります。（中略）

しかし（中略）何が起きるかはやってみなければわかりません。言い換えればやってみるならば必ず予想もしないことが起きるということです。（中略）

この症候群から抜け出るには、未来は予測できず物事はコントロールできないという前提を腑《ふ》に落ちるまで受け入れることです。そして国民全員が「やってみよう、やってみよう、やってみなけりゃわからない」を合言葉にすることだと思います。（為末大

「なにかあったらどうするんだ症候群とその対処法」、ルビは著者）

じつは私も同様のことを考えてきた。物事はやってみなければわからない、何かあった時はみんなで考えようと。日本では、ユーザーが自己責任のもとで新しい技術を使うことに同意したとしても、もし何かあったら誰が責任を取るのかという議論ばかりを延々と繰り返すのが常で、それが今やイノベーションの妨げになっている。為末さんの記事を読んで、同じことを考えている人がいるのだと少し嬉しくなった。

２０２０年に開催された、科学技術と社会の関係を考えるイベント「サイエンスアゴラ」でも、ＮＴＴ会長（当時）の篠原弘道《ひろみち》さんが、60点でスタートし、みんなで改良するということを受け入れていくことが大切だと発言されていた。

たとえば、今後の社会基盤となりうるＡＩのように、大量のデータを集めなければならない技術においても、「なにかあったらどうするんだ症候群」では、世界の国々から後《おく》れを取ることになる。それでは、日本はイノベーションが起こせない国になってしまう。

何か起きたらどうしようではなく、新技術の導入によってどのような未来が拓けるのかを想像し、前に進むこと、そして、何かあったらみんなで考えていこうという姿勢が重要ではないだろうか。

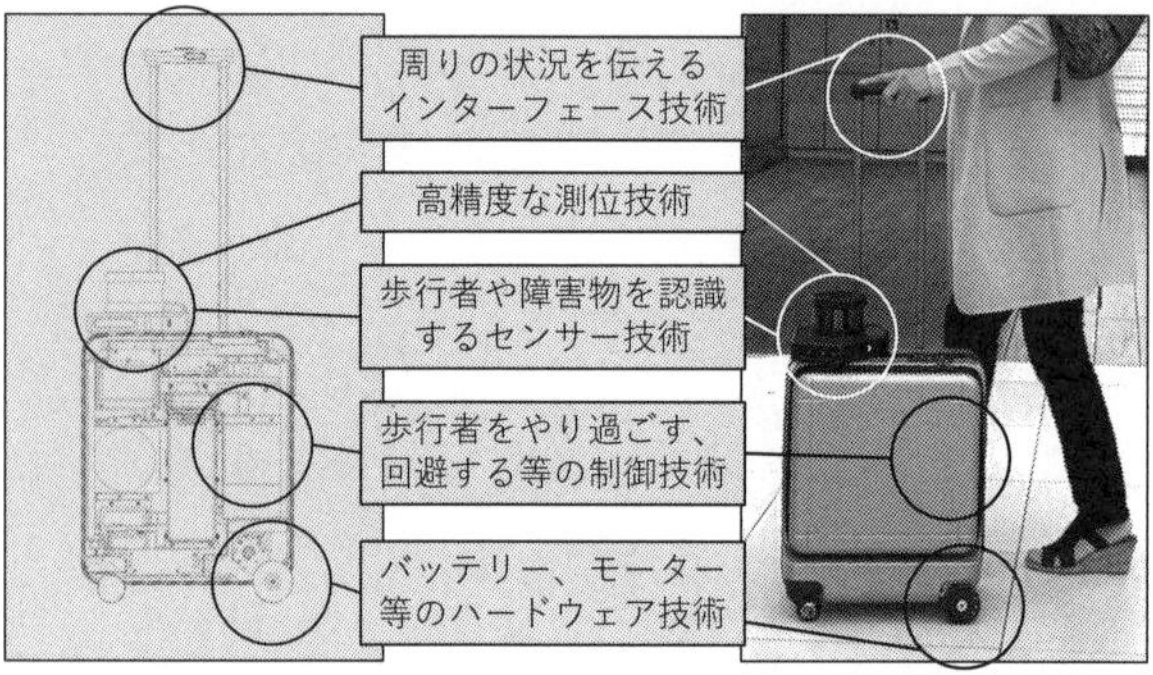

図6：AIスーツケースに使われている要素技術

視覚障害者のために生まれた技術が、高齢者や子どもたちなど、誰にとっても安全で使いやすい技術へと発展していく可能性がある。そんな未来を築いていくためにも、新たなチャレンジを社会全体で行うことが重要である。

AIスーツケース・コンソーシアムを立ち上げる

ＡＩスーツケースの実現には、さまざまな要素技術が必要だ。障害物をよけるための認識技術や、混んでいる場所でも周りの人の動きに合わせて動く制御技術、また周りの状況を視覚障害者に対して触覚や音声で提示する技術も必要になる。さらに、モーターやバッテリーなどのハードウェアの技術も必須だ。これらの技術をすべて統合しなければならない。これは一企業や一研究室で実現できることではない。

そこで２０１９年12月に、実用に近いロボット開発を行い、社会実装を目指す目的で、「ＡＩスーツケース・コンソーシアム」という共同事業体を設立した。

このAIスーツケース・コンソーシアムは正式名称を「一般社団法人次世代移動支援技術開発コンソーシアム」といい、新しい支援技術を実現しようと志す企業、アカデミア、団体で組織されている。目的は、視覚障害者のリアルワールド・アクセシビリティの実現と、生活の質全体の向上を目指し、AIを活用した先端的移動支援技術の研究開発を推進すること。その目的のために企業とアカデミアが集まった。

正会員として清水建設、オムロン、アルプスアルパイン、そして日本IBM。賛助会員には、日本盲導犬協会、エース株式会社、参天製薬、早稲田大学先進理工学研究科物理学及応用物理学専攻森島繁生《しげお》研究室、慶應義塾大学、そして日本科学未来館が参画している。企業やアカデミアがそれぞれ得意な技術を持ち寄り、AIスーツケースの実現を目指している。たとえば盲導犬協会はロボットが視覚障害者のモビリティの、新たな選択肢になりうるかという視点で、さまざまなアドバイスを提供してくれている。

早稲田大学や慶應義塾大学も研究の一翼を担っている。

エースからはスーツケースの提供と筐体《きょうたい》設計のアドバイスをしていただいた。きっかけは2021年1月のテレビ出演だった。私が番組で話している様子をエースの社長がご覧になり、支援を申し出てくださったのだ。

オムロンはスーツケースのカメラで撮られた画像から前方から近づいてくる人の行動を認識し、どう対応すべきかを判断するためにユーザーに伝達する「ヒト行動認識技術」の開発を担当している。現時点では限定的なシーンのみの適応となっており、実用化に向けて道半ばではあるが、今後必ず成功のカギを握る技術だ。

また清水建設は、さまざまな建物の中でどのようにAIスーツケースが動くのか挙動をテストし、その結果を私たちにフィードバックしてくれたり、新たなプロトタイプを開発したりして、どこまでシンプルなインターフェースにできるか実験を続けている。

アルプスアルパインは触覚デバイスを含めたHMI（Human Machine Interface）開発ノウハウを活かして、新たなハンドルやスーツケースのデザインにチャレンジしている。

IBMは障害物や歩行者との衝突回避などを行う画像処理技術や、屋内外の高精度位置推定をはじめとしたAIスーツケースを動かすソフトウェア全般を担当している。

カーネギーメロン大学は、特別会員として参画している。

素晴らしいチームとこのように協業できることは、視覚障害者ユーザーとしても、研究者としても非常に心強い。

大手企業間の協力がもたらす効果

日本を代表する企業や組織がコンソーシアムに参加している意味は大きい。それぞれ自分たちの強みを活かしてＡＩスーツケースの開発に取り組んでいる。それは単にものづくりだけにとどまらず、近未来の社会がどうあるべきかをそれぞれの企業が考え、ＡＩスーツケースにその未来を重ねてともに歩んでいるのだと思う。

２０２０年2月、ＡＩスーツケース・コンソーシアム設立に関する記者発表会を行うことになった。日本を代表する企業が共同開発するということで、テレビの在京キー局すべてが集まった。アクセシビリティという限られたユーザーを対象としたコンソーシアムの活動に対して、これほどの注目が集まったことに影響力の大きさを実感した。

この時の記者会見にはちょっとしたエピソードがある。紹介したＡＩスーツケース、この時点では公開するのに満足できるものではなかった。私としてはもう少し洗練させてから紹介したかった。しかし、周囲の期待もあってデモをせざるを得ない状況になった。

そして本番。ＡＩスーツケースは5メートルほど動いた。じつは清水建設の方がこうした事態を見越して先行して準備を進めてくれていたのだ。

このデモには大変大きな反響があった。まさに百聞は一見にしかず。アイデアを実際にかたちにして動かしたことで、コンソーシアムが目指しているゴールを示すことができた。多くの仲間とともに歩みを進めていることの心強さを感じた出来事だった。

第10章

ＡＩスーツケースのさらなる進化

ＡＩスーツケース、いったい何が入っている？　しくみは？

ここで、ＡＩスーツケースのしくみを紹介する。この章は少々専門的になってしまう。ただＡＩスーツケースのしくみはこれからの自動運転自動車などの次世代モビリティと共通しているので興味のある方はぜひ目を通していただきたい。

視覚障害者とＡＩスーツケースとが直接コミュニケーションするＵＩとなるのは、ハンドル部分とスマホだ。まずスマホに登録されたリストの中から目的地を選択する。ハンドルを手で握ると、下部にあるタッチセンサーが感知して、ＡＩスーツケースは目的地へ向けて移動を始める。手を離すとＡＩスーツケースは止まる。

ハンドルの上部にはボタンがあって、ここでスピードのコントロールを行う。毎秒０メートル（つまり静止）から毎秒１・０メートル（時速３・６キロメートル）まで、毎秒０・０５メートル刻みでの速さのコントロールが可能だ。

ハンドルの左右と上部にある３つの振動子《しんどうし》は、進む方向や開始のタイミングを触覚でユーザーに伝えてくれる。こうすることでユーザーは曲がる方向を触覚で認識できるので、「右に曲がります」「左に曲がります」といった情報を音声で聞く必要がない。これにより聴覚を他の目的、たとえば行き交う歩行者の流れなどを把握することに利用できる。

スーツケースの上部には、ＬｉＤＡＲ《ライダー》と呼ばれるセンサーが設置されている。これは自動運転自動車でも使われている。このＬｉＤＡＲが、３６０度全方向に向けてレーザー光線を出し、周囲の壁や障害物までの距離を計測する。このしくみを利用して、対象の場所でＡＩスーツケースを動かすことで、ＬｉＤＡＲマップ（環境地図データ）を事前に作成する。実際にユーザーがＡＩスーツケースを利用する時は、このＬｉＤＡＲからレーザー光線が出て、ここでも周囲の壁や柱までの距離を計測する。この距離を事前に作っておいたＬｉＤＡＲマップと比較することで、自分の現在地を推定する。

ＬｉＤＡＲはこのほか、障害物との衝突回避にも使われる。経路上に障害物があった場合は、ＬｉＤＡＲの情報を元にしてＡＩスーツケースは衝突回避を行う。

ＬｉＤＡＲの下には左右と前方にＲＧＢＤカメラ（深度センサー付きカメラ）が設置されていて、周囲の歩行者を認識し、その歩行者までの距離を測定する。

スーツケースを開くと、向かって左側には画像解析を行うためのＧＰＵコンピューターが搭載されている。ここでは、ＲＧＢＤカメラからのデータをリアルタイムに解析する。たとえば前方で同じ方向に歩いている歩行者がいた場合、その歩行者の速度に合わせて移動することで、周囲の人とぶつからないようにする。立ち止まっている歩行者がいた場合には、迂《う》回《かい》する。歩行者が近づいて来た時には、停止して衝突を回避する。

向かって右側にある小型のコンピューターでは、地図情報の管理、ＵＩの制御、ＬｉＤＡＲによる位置情報の推定を行う。地図情報の管理では、トポロジカル・ルート・マップ、ＰＯＩマップ、ＬｉＤＡＲマップの３つの地図を使う。ＵＩの制御では、スマホとの連携と、ハンドルの制御をする。移動中に障害物があった時や、目的地に到着した時には、スマホを介して音声でその情報が伝えられる。

真ん中にはバッテリーがあり、ＡＩスーツケースを約３時間稼働させることができる。

小型コンピューターの下には、車輪を動かすモーターが２つ入っている。

AIスーツケース、コロナ禍で必要性を再確認

ＡＩスーツケース・コンソーシアムが発足したのは２０１９年12月、記者発表会を行ったのが２０２０年2月初旬だ。コンソーシアムの活動は、まさにコロナ禍に始まったといえる。

コロナ禍に入って、視覚障害者はリアルワールドにおいて新たな壁に直面した。たとえば横断歩道のボタンやエレベーターのボタンを手で触って探すことへの不安や、ソーシャルデ

ィスタンスを保ちながら歩いたり、行列に並んだりすることの難しさ。また、ガイドヘルパーへの依頼が難しくなった。さらには、街に出て周囲の人々に話しかけて道を聞くことも難しくなった。こうした問題は、日本だけではなく、世界中で報告されていた。

そこで、コロナ禍に生じた新たな課題の解決を目指していくつかの機能を追加した。その一つが行列ナビゲーションという機能だ。前の人と一定の距離を保ちながら並び、行列の先頭の先にあるカウンターなどに案内するというものだ。この機能では、RGBDカメラで行列の前の人を認識し、一定の距離を保ちながら前に進む。カウンターに到着した時には、音声でその情報が伝えられる。

他にも、顔認識の技術を応用し、周囲の歩行者がマスクをしているかしていないかを判定し、その結果をユーザーに伝える機能を開発した。

コロナ禍に入って、私自身もＡＩスーツケースの必要性を再認識する出来事があった。ある時、必要があって病院に連絡すると、「病院では個別にご案内するスタッフはいないので、視覚障害者の方は付き添いの方と一緒にご来院ください」と言われた。コロナ禍のような状況においては、家族や友人の病院への付き添いはできるだけ避けたい。

もし病院にＡＩスーツケースが実装されていれば、この状況は解決できるはずだ。一人で目的の場所に行くことができる。ＡＩスーツケースには、私たちの未来の生活をより便利にできる可能性があると再認識した。

AIスーツケース、日本で実証実験

日本でも実社会で実験する機会を得ることになった。協力いただいたのは三井不動産。東京・日本橋にある三井ショッピングパークCOREDO室町での実証実験が可能となった。この三井不動産とつないでくれたのはAIスーツケース・コンソーシアムの正会員である清水建設だ。

2022年8月から10月、日本橋室町地区にて実験を行った。実験の対象範囲として、COREDO室町などの商業ビル5棟、約3万5000平方メートルの広さの敷地、地下鉄駅周辺の地下道300メートルを使用することになった。

ここまで広い面積を使っての実験は初めてだった。高精度なLiDARを利用していてもLiDARマップの作成時には少しずつ歪みが蓄積してしまうため、全面積を一つのLiDARマップでカバーすることは簡単ではなかった。そこで、LiDARマップを区画ごとに作成し、使用時にリアルタイムに切り替える機能を新たに開発した。これで、より広い面積でもAIスーツケースは利用できるようになった。

実証実験にはユーザー38名が参加した。ここではAIスーツケース、インクルーシブ・ナビ、白杖のみという3つの体験を行ってもらった。終了後にそれぞれの体験に対して、6つの項目、〝使いたい〟〝迷わない〟〝安全に使える〟〝自信を持てる〟〝ストレスがない〟〝楽しい〟のそれぞれについて7段階で評価してもらった。その結果、すべての項目において、AIスーツケースに有意に高い評価が得られた。言い換えると、AIスーツケースがいちばん使いやすいという結果となった。

多くのコメントの中からいくつか紹介する。「ついて行くだけで良いのでとてもラク」「自分一人で歩ける達成感と白杖を持たない解放感がある」「ウインドーショッピングの感覚になれた」「早く実用化してほしい」。また、ある被験者からは「同伴者がいる場合でも使いたい」とコメントをいただいた。理由は、途中で別行動ができることと、人は経路を間違えるので、ということだった。

私がふだん感じていることを実際のユーザーから聞くことができ、嬉しいと同時に本当に安心した。開発メンバーにとっても、このようなコメントがいただけたことは、今後の励みになることは間違いない。

AIスーツケース、屋外走行へ向けて

現在私たちは新たなチャレンジとして、屋内と屋外をシームレスに走行できるAIスーツ

ケースの開発を進めている。これが実現できれば、駅からスタジアム、あるいは駅から病院へ行き、そこから目的の診療科へ行く、といったように移動範囲を広げることができる。

そのためには、屋外でGPS以上の位置推定精度が必要だ。そこでRTK-GNSSという方式を採用した。

GNSS（Global Navigation Satellite System）とは衛星を利用した測位システム一般を指していて、GPSもGNSSの一種である。GPSをはじめ、日本ではアジア・オセアニア地域を対象とする「みちびき」（QZSS：Quasi-Zenith Satellite System）という4機の測位衛星が主に使われている。

このGNSSの精度で問題となるのがはるか上空、電離層などの天候状態だ。上空の状態によって電波の状態が変わってしまい、それが測位の誤差になる。

そこで、正確な位置がわかっている固定された基準局と移動局（ロボット）の2つのポイントで観測した衛星データを利用して精度の高い位置情報を得る技術をRTK-GNSS(RTK：Real Time Kinematic）と呼ぶ。AIスーツケースには移動局となる小さなアンテナが立っている。移動局での衛星観測データに含まれるさまざまな誤差の影響を、基準局での観測データを利用して抑えることで、RTK-GNSSは数センチの誤差で測位することができる。

AIスーツケースの位置推定システムにRTK-GNSSを組み込んだところ、期待通りの精度を出すことができた。建物の陰や屋内で精度が低下すると、自動的に屋内用モード（LiDARでの測位）に切り替えて目的地に向かうようにした。そのためユーザーはその切り替えに気づくことはないはずだ。

AIスーツケース、地図なし走行にチャレンジ

前に述べたようにAIスーツケースの走行には、あらかじめ3種類の地図を用意する必要がある。しかし、世界中のすべての建物の地図を用意するのは現実的ではない。地図なし走行（以下、マップレス・ナビゲーションと呼ぶ）を実現するには、どうすれば良いかチームで検討した。解くべき課題はさまざまあり、それぞれの難易度が高い。

そこで私たちは、盲導犬に学ぶことにした。盲導犬は曲がり角に来ると立ち止まるように訓練されている。曲がる方向を決めるのはユーザー（人）だ。

AIスーツケースも建物内の通路や交差点、障害物などをリアルタイムに認識できるようにした。認識した情報をユーザーに提示し、交差点でどちらに進むのかユーザーが選択できるようにした。盲導犬にはできない機能としてサインを認識してその先に何があるのかも読み上げるようにした。

簡単にしくみを紹介する。LiDARセンサーでリアルタイムに3次元地図を作り、曲が

り角の存在を検出し、そこに差し掛かるといったん止まる。ＡＩスーツケースが止まると、ユーザーはハンドルのボタンを押して、行きたい方向（前方、または左右方向）を選択して進むことができる。

２０２２年夏、屋内でマップレス・ナビゲーションの実験を行った。これはリサーチプロトタイプであるが、実験は無事に終了した。参加したユーザーからは、「もちろん地図のある環境で実現されている自動走行機能を利用することが望ましいが、ぜひ地図のない環境で、どこでも自由にＡＩスーツケースを利用したい」というような期待が寄せられた。

課題も見つかった。ＬｉＤＡＲセンサーはレーザー光線を使っているため、ガラスのドアやガラスの壁を検出することが難しい。これは地図のない環境で動かす場合、経路が特定できないという問題につながる。

今後は、コンピューター・ビジョンと呼ばれるＡＩ分野のテクノロジーを使って、物体の属性など、より詳細な環境情報を認識してマップレス・ナビゲーション機能を進化させていきたい。コンピューター・ビジョンの研究開発については、２００４年にＩＢＭに入社した石原辰也《たつや》さんがチャレンジしている。

このマップレス・ナビゲーションに関する論文は、２０２３年春に開かれたＡＣＭ　ＣＨＩ（国際計算機協会のヒューマン・コンピューター・インタラクションを中心とする会議）

で発表した。

AIスーツケース、未来へ

今のAIスーツケースは、視覚障害者の移動を支援するナビゲーションロボットである。しかし、AIスーツケースの未来には、移動を超えたリアルワールド・アクセシビリティの実現という究極の目標がある。

将来、視覚障害者がAIスーツケースを使って一人で旅行ができるようになった時、降り立つ海外の空港にAIスーツケースの地図が準備されていないこともあるだろう。AIスーツケースの活動範囲を広げるためには、マップレス・ナビゲーションの機能は欠かせない。知らない空港に降り立った時、スーツケースが周りの看板を認識し、移動しながら徐々に地図を広げ、交通機関の乗り場までナビゲートする、そんな機能の実現も夢ではない。

最近話題のChatGPTは質問に対して言葉で答える「大規模言語モデル（ラージ・ランゲージ・モデル）」だが、さらに「画像」を入力してそれに対して言葉で質問ができる生成AI、「視覚言語モデル」の研究も進んでいる。

私も試してみた。ポルトガル・リスボンの写真を入力して、「視覚障害者でもわかるように説明して」と質問すると、「ポルトガル・リスボンの石畳の道を走行する黄色い路面電車」と説明してくれた。なんとリスボン特有の石畳であることも認識した。同じ写真を2019年に、当時の技術で試したところ、「建物の近くの線路を走る列車」と説明した。この結果から4年間の技術の進歩は明らかだ。

この技術をさらに進化させて、AIスーツケースに搭載すれば、目の前の景色や人の様子を説明することも可能になるだろう。

AIスーツケースのようなナビゲーションロボットは高齢者の生活も豊かにしてくれるだろう。年を重ねても健康でいるためには買い物などで外出し、歩くことが大切だ。だが、年を重ねると重い荷物を持つことは大変だ。AIスーツケースと同様にAIショッピングカートが実現できれば、重い荷物を運んでくれるだけでなく、買い物メモを記憶してスーパーの棚まで案内してくれるだろう。

超高齢社会の日本から、生活支援と社会参加を両立させるようなイノベーションを発信する。視覚障害者のニーズから始まった技術が、より幅広い層の人々を助ける。そんな未来を想像しながら今日も研究を続けている。

第11章
あなたとともに未来へ

日本科学未来館の館長になりませんか？

２０１９年、国立研究開発法人科学技術振興機構（ＪＳＴ）から、東京・お台場にある日本科学未来館（未来館）の館長にならないかという打診があった。

予想もしていなかったこの話に大変驚いた。この頃私はＩＢＭとカーネギーメロン大学の双方の研究活動で忙しかった。さらなる役割を受けたとしても、本当に自分にできるのだろうか。その日から、未来館がこれまでどのような活動をし、今後どのような方向に向かおうとしているかについて積極的に調べ、理解を深めていった。

その中で未来館には、研究エリアという施設があり、さまざまな研究者が未来館を実験場として研究をしていることがわかった。たとえば、未来館の隣にも建物がある国立研究開発法人産業技術総合研究所（産総研）の「ピーコック（Peacock）」というロボットは、未来館のフロアで来館者の間を動き回りながらスムーズな自律運転のためのデータを収集している。また、アンドロイドの研究で有名な大阪大学の石黒浩先生も研究エリアに入居していて、ロボットと人が共生する社会の課題などを来館者と議論している。

　未来館は研究者と来館者の接点となり、最先端の科学技術を社会に発信していく役割があることを知って大変感動した。ＡＩスーツケースのような人を支援する自律走行ロボットにとって、社会の理解を深め、社会のしくみを変えていくことは実用化に向けて大事なステップだ。こうした場面で未来館が大きな役割を果たしていけるのではないかと考えた。実際、筑波大学の落合陽一先生率いる「xDiversity（クロス・ダイバーシティ）」プロジェクトも研究エリアに入居していて、聴覚障害者のための支援技術などで来館者を巻き込んだ研究を行っている。

　ＡＩスーツケースの開発では、ユーザー実験やヒアリングを実施することがなかなか難しかった。こうしたプロジェクトが、未来館で社会とのつながりを深めることで、社会実装を加速できるのではないか。これによって、新たな支援技術をいち早くユーザーに届けることができるかもしれない。また、日本の技術をいち早く世界に発信できるかもしれない、とも考えた。

　視覚障害者であるため、これまでの人生の中で選択肢は少なかった。いつも少ない選択肢の中から、自分にしかできないことを探して進んできた。視覚障害者である私が、未来館の館長になることは大きな決断だった。それだけにこの機会を活かして、最先端の研究成果と人々の接点を作りたいと思った。

２０２１年４月、そうした決意のもとに未来館の館長に就任した。20年もの間、館長を務められた毛利《もうり》衛《まもる》さんの後任である。重責を感じたが、とにかくチャレンジしようと思った。無謀とも思えるチャレンジの連続に驚かれるかもしれないが、未来はやってみないとわからない。館長に就任後、研究エリアに「未来館アクセシビリティラボ」を立ち上げた。そして、ＡＩスーツケースと、未来館の展示をアクセシブルにするための研究を始めた。ポスドクや研究開発メンバー、学生が徐々に集まってきて、ようやく研究も軌道に乗ってきた。未来館、早稲田大学、そしてＩＢＭと、アクセシビリティの研究チームが拡大してきたことに手応えを感じる。

ＡＩスーツケースを未来につなげる

未来館を実験場にしたＡＩスーツケースの新たなチャレンジも始めている。ＡＩスーツケースは、屋内環境であれば日常的に運用できるレベルに達してきた。そこで、ＡＩスーツケースの体験会を開催して、ユーザーからフィードバックを得る機会を作っている。こうした体験会は他の来館者がいる中で行われるので、ロボットが人を支援する未来の風景を想像する機会になると期待している。

現在、アクセシビリティラボでは、屋内・屋外で走行できるＡＩスーツケースのプロトタイプも実験している。２０２３年1月に初めて屋外での体験会を行い、そこで得た知見や、ユーザーからのフィードバックを元に改良を加え、２０２３年9月には2回目の体験会を行った。これは、近未来の新たなモビリティ体験として位置付けられ、東京都などと共同で実施している。

ＡＩスーツケースの体験会は、いつも案内が始まるとすぐに枠が埋まってしまうという、チームにとって大変やりがいのあるイベントになっている。近い将来、ＡＩスーツケースをまずは未来館内で定常的に運用するための準備を進めている。

未来館には世界中から多くの来館者が訪れる。その中には、首脳や大臣なども含まれる。また、世界中の科学館からも視察にやってくる。こういった機会には、ＡＩスーツケースのデモを行い、その意義や社会実装の必要性を伝えている。手応えはある。世界各国の科学館から、ＡＩスーツケースが入手できるようになったら、ぜひ知らせてほしいという嬉しい申し出もきている。

未来館の館長とアクセシビリティの研究者の両方の役割を持っているからこそ、伝えられることがあると感じている。

未来館を未来をつくるプラットフォームへ

未来館の館長に就任する時、「あなたとともに『未来』をつくるプラットフォーム」というＭｉｒａｉｋａｎビジョン２０３０を発表した。このビジョンにはアクセシビリティの実現に加えて、今地球が直面しているさまざまな課題解決へのチャレンジも含まれている。

こうした地球規模の課題が、２０１５年の国連サミットで採択された「持続可能な開発目標（ＳＤＧｓ）」の17の目標にわかりやすく整理されている。ＳＤＧｓの目標達成に向けて、日本をはじめ世界各国でさまざまな活動が行われている。よく耳にする、ＣＯ$_2$の削減、再生可能エネルギーの導入、ジェンダー平等などがその一部だ。

そしてＳＤＧｓの理念は、「Leaving no one left behind（誰一人取り残さない）」である。アクセシビリティの研究開発が、ＳＤＧｓの目標達成に果たせる役割は大きいが、もちろんそれだけでは十分ではない。自分のこれまでの経験を活かして、社会課題についてもチャレンジしていきたいと思ったことが、未来館の館長を受けたもう一つの理由である。

そこで現在私は、未来館のスタッフとともに、社会課題を３つに分類して取り組んでいる。「Life」、人生１００年時代を迎えた私たちが、どう生きていくか。「Society」、ＡＩやロボティクスによって、私たちの社会がどう変わっていくか。「Earth」、この美しい地球に住み続けるために、今の私たちに何ができるか。加えて４つ目の領域として「Frontier」、これは宇宙開発を含めた基礎研究の分野である。アクセシビリティに加えて、これら4つの領域を推進していくために、未来館は、未来を作るプラットフォームになることを目指している。

誰かが作った科学技術をただ一方的に学ぶのではなく、一人一人が新しい科学技術を体験し、それによって実現される新たな未来を想像し、ともに社会実装を目指す。未来館はそんなプラットフォームになりたい。

「未来の風景」を体験し想像することで、何かあったらどうするんだという考え方を変えていきたい。イノベーションを起こしにくいと言われている日本を、イノベーションが起こせる国へと変えていきたいのである。

発明と社会実装は車の両輪

発明と社会実装は分けることができない、車の両輪だ。どんなに優れた技術であっても、実際にユーザーが使って磨かなければ、社会を変える真の原動力にはならない。ただ社会実装のためには、常識を変えていく必要がある。

たとえばプライバシー保護の観点から、公共の場所での各種センサーやウェアラブルデバイスの利用に関して、さまざまな立場から反対意見がある。

安全性も乗り越えなければいけない壁の一つだ。たとえユーザーが自己責任において、新たな技術を利用しても、万が一事故が起きた時に誰が責任を取るのかといった議論が、日本では延々と行われるのが常だ。レベル5の自動運転自動車が実用化されたとしても、視覚障害者や子どもなど運転免許を持たない人が利用することを、社会はどう捉えるだろうか。

私たち研究者、技術者は、社会に対して、テクノロジーの安全性と、進化を伝える義務がある。それが、社会実装のための相互理解には必須である。日本がイノベーションを起こしにくい国となった原因の一つが、こうした社会実装の壁にあるのかもしれない。私は未来館で、こうした社会実装の壁を取り除き、人々と技術をつなぐ役割を果たしていきたい。

ウォルト・ディズニーの未来構想

アメリカのフロリダ州オーランドにあるウォルト・ディズニー・ワールド・リゾートには、エプコット（EPCOT：Experimental Prototype Community of Tomorrow 明日の実験的コミュニティ）というテーマパークがある。ウォルト・ディズニーは当初この場所に、実験的未来都市を作ろうとして、エプコット計画を立てた。

この計画は、生きた未来の青写真を体感できる場を作るというコンセプトだった。実験的なプロトタイプのコミュニティとして常に変化し続け、世界のどこにもない生活をエプコットでは体験できる。もしエプコットにもまだないテクノロジーの必要性を感じたならば、産業界を刺激し、新しいソリューション開発につなげることができる。まさに最先端の技術により進化し続ける未来都市を作ろうとしていた。

残念ながら志半ばでウォルトは亡くなってしまい、プロジェクトは中止されテーマパークにかたちを変えた。現在このテーマパークには、近未来をテーマにしたアトラクションが設置されている。

私がこの話を知ったのは、ウォルト・ディズニーの関係者と多様性について話をした時だ。彼らは「あなたとともに『未来』をつくるプラットフォーム」という未来館のビジョンは、ウォルト・ディズニーが作ろうとした実験的未来都市に通じるところがあると言ってくれた。

ウォルト・ディズニーが目指した壮大な計画と、現在私たちが取り組んでいる活動とでは規模がはるかに異なる。しかし、重要なのは計画の大小ではなく、その計画が持つビジョンと、それに関わる人々の熱意である。未来館の現在のチャレンジを続けることで、時代の歯車を少しでも進めていきたい。

次世代のイノベーターへ

私は女性や若手研究者を奨励する賞の審査委員をいくつか務めている。その応募書類を見ていつも感動している。グローバルに活躍している若い起業家や研究者がなんとたくさんいることか。こうした若者がもっと増えれば、イノベーションを起こせない国などと言われることも、もうなくなるだろう。

イノベーションのきっかけは、身近な日常生活の中にあるかもしれない。より大きな社会課題の中にもあるかもしれない。ミクロの世界からマクロな世界まで、古くからある領域から最先端の領域まで、関心を持って情報を集め、問題意識を持つことがまず重要だ。

その上で、課題を解くために具体的にどのような解決策があるのか、応用できる技術としてどのようなものがあるのか、多様性を持ったチームを構成して多角的に検討する。そして研究、開発、実験を経て最終的には社会実装まで持っていく。そうした一連のことを、あきらめずにやり抜くことが、イノベーターの条件だ。

それぞれの人には、その人にしかない視点がある。私は私にしかない視点を強みとしてここまでやってきた。あなたにはあなたにしかない視点がある。それが強みになるはずだ。次世代のイノベーターが世界を席巻《せっけん》する日を楽しみにしている。

本当のDE&Iへ向けて

本書の最後に、今後目指したいと考えている未来のかたちについて改めて記したい。

重要なのは、ＤＥ&Ｉ（Diversity 多様性・Equity 公平性・Inclusion 包摂《ほうせつ》性）の実現だ。その重要性を私はこれまでの仕事人生で実感してきた。

ダイバーシティ（Diversity）の重要性を感じたのは、ホームページ・リーダーをまさに作ろうとしていた時のことだ。多様性のあるチームの方が、より多くのイノベーションを起こすことができるということを身をもって体験した。

最初にホームページ・リーダーを作りたいと音声合成技術のチームに相談を持ちかけた時に、ホームページは目で読むものであって聞くものではないという意見が多く出た。しかし、目の見えない私からは大きな可能性が見えていた。ウェブページは聞くだけでも必ず理解できると。それが私の強みだ。その結果、最終的に11か国語に展開されたホームページ・リーダーが誕生した。

それからエクイティ（Equity）。公平で平等な機会の提供を意味する。視覚障害者の就労環境はまだまだ厳しいのが現状だ。エクイティを実現するためには、法的な規制も重要な役割を果たせると考えている。

そう考えるように至ったのは、２００１年、ウェブアクセシビリティが驚くほど向上したからだ。

ちょうどこの年、アメリカで５０８条が施行され、公的機関において調達するものはすべての人にとってアクセシブルであることが求められるようになった。条件を満たさない製品は入札において不利になる。大きな影響を与えた法律だった。

つまり、法律で決めるということは、一気に物事を推し進め、世の中を変えていく力を持つ。

もう一つ例を挙げたい。日本ＩＢＭには「ＣＯＳＭＯＳ《コスモス》」という２００５年に発足した全社横断的な女性技術者のコミュニティがある。女性技術者全員がＣＯＳＭＯＳメンバーであるが、活動を支えるのは、15名ほどのコアメンバーだ。

２００５年の段階で女性テクニカル・リーダーの比率は男性と比較して非常に少ない状況だった。そこで、「４年後の２００９年までにテクニカル・リーダー比率を男性と同等にする」という目標を掲げてＣＯＳＭＯＳの活動はスタートした。

ＣＯＳＭＯＳで行った調査から、将来像が見えない、ロールモデルがいない、仕事と家事・育児とのバランスがとれない、といった課題が明らかになった。コアメンバーが中心となって、キャリアデザインセミナーやメンタリングなどの活動を実施した結果、２００９年に目標を達成したのである。女性同士のネットワークを強固にしたことが、ＣＯＳＭＯＳの成果につながっている。

インクルージョン（Inclusion）、包摂性に関しても述べておきたい。日本においては、子ども時代に障害者を含めた多様な人と一緒に勉強したり、遊んだりする機会が非常に少ない。子どもの頃から、多様な人々と一緒にいる環境を作ることが、文化を変えていく重要な一歩になる。

未来館を訪れる障害者の数が増えている。インクルーシブな場作りの成果が出つつあるのかもしれない。こうした場所が少しでも増えてくれれば、多様性に対する文化もきっと変わっていくだろう。

変化とチャレンジで前へ

ここまで書いてきて改めて感じるのは、DE&Iの実現のためには私たちが自分の意志で「変わる」必要がある、ということだ。これまでの私は、人生の大半で変化に対応し、時には自ら変化を求め、前に進んできた。だからこそ今日という日があると思う。

常に時代に応じて変化することをIBMという会社から学んだ。We got change! IBMは変化を良しとする組織だ。コンシューマー向けの事業を切り離し、BtoBへ完全に舵を切った。クラウドに、AIに、量子コンピューターにと常に挑戦し続け、Change を良しとして進んできた。

「未来の風景」の実現を目指して。変化とチャレンジを続けなければ、イノベーションは起こらない。テクノロジーとともにダイバーシティを生かした輝かしい未来を作るのは、あなたであり、私だ。

Let's all work together!（みんなで力を合わせよう！）

あとがき

本書を通して、私はテクノロジーには人生を変える力があることをお伝えしたいと思いました。14歳の時に失明し、大学を卒業するまでテクノロジーの恩恵を受けることなく、選択肢の少ない人生を進むこととなりました。試行錯誤しましたが、自分にしかできない仕事を見つけたいという思いで進んできた結果、テクノロジーに出会い、テクノロジーを作るキャリアを拓くことができました。

大げさかもしれませんが、テクノロジーがなければ、私の今の人生は拓けませんでした。また、テクノロジーだけでは人生を変えることができないということも、お伝えしたいと思いました。人との出会い、社会とのつながりが大切だということに、人生を通して気づいたからです。

初めての執筆を終えて、私は今42・195キロを走り抜いたような気持ちです。少し休憩して、今回伝えきれなかったことを、またお伝えできる機会があればと思います。

2023年9月　東京にて

浅川智恵子

年譜

西暦	主な出来事
1958年	大阪府に生まれる。
1968年	一人で自由に行動できた思い出。大阪・梅田のスケートリンクに行き、スケートを楽しむ。（7ページ）
1969年	プールでのけががもとで視力が低下。
1972年	中学2年生で完全に失明。（9ページ）
1974年	盲学校入学。（13ページ）
1982年	追手門学院大学文学部卒業。
1984年	日本ライトハウス情報処理学科修了。日本ＩＢＭの単年度契約の客員研究員として英語点字翻訳システムを開発。（31ページ）
1985年	客員研究員としての研究成果が認められ、日本ＩＢＭに正式入社。東京基礎研究所配属。（35ページ）
1986年	〔受賞〕情報処理学会（ＩＰＳＪ）学術奨励賞
1994年	点字情報ネットワークシステム「てんやく広場」を公開。現在ではサピエ図書館に発展。（37ページ）

1997年	世界初の実用的な音声ブラウザ「ホームページ・リーダー」を製品化。（41ページ）
1998年	〔受賞〕国際計算機協会（ACM）"The Best Presentation Award ACM ASSETS 1998"
1999年	〔受賞〕厚生大臣表彰
2001年	北海道大学大学院工学研究院博士課程入学。伊福部達教授に師事。伊福部教授の異動に伴い、同年東京大学大学院工学系研究科へ編入学。（68ページ） 米国で改正リハビリテーション法508条が施行される。（60ページ）
2002年	〔受賞〕国際計算機協会（ACM）"The Best Paper Award ACM ASSETS 2002"（59ページ）
2003年	〔受賞〕Women in Technology Internationalで殿堂入りを果たす。（77ページ） 〔受賞〕日経ウーマン・オブ・ザ・イヤー2004　総合2位
2004年	ウェブアクセシビリティの評価ツールaDesignerを開発。（63ページ） 東京大学大学院工学系研究科先端学際工学専攻博士課程修了。博士（工学）を取得。（77ページ） 〔受賞〕日本女性科学者の会　功労賞 〔受賞〕日経BP社　日本イノベーター大賞　優秀賞

2005年	IBMにてシニア・テクニカル・スタッフ・メンバー（STSM）就任。（80ページ） 〔受賞〕Webクリエーション・アウォード　Web人賞
2006年	〔受賞〕名古屋ライトハウス　第1回近藤正秋賞
2007年	IBMにてディスティングイッシュト・エンジニア（DE）就任。（81ページ）
2009年	日本人女性として初のIBMフェロー就任。（84ページ） 〔受賞〕情報処理学会　喜安記念業績賞
2010年	天城アクセシビリティ・CEOセミナーを開始。（105ページ） 〔受賞〕アメリカ・女性技術者協会　Achievement Award 情報処理学会　フェロー就任。
2011年	〔受賞〕アメリカ・Anita Borg Institute Women of Vision Award（リーダーシップ・カテゴリー） 〔受賞〕文部科学大臣表彰科学技術賞（開発部門）
2012年	〔受賞〕日本点字図書館　本間一夫文化賞
2013年	〔受章〕紫綬褒章

２０１４年	カーネギーメロン大学でＩＢＭ特別功労教授就任。（１２５ページ）
２０１５年	音声ナビゲーション・システム「ＮａｖＣｏｇ」を開発。（１１１ページ） ＴＥＤに登壇、「視覚障害者が世界を自由に探索できるようにする新技術」を講演。（１２９ページ） 〔受賞〕津田塾大学　津田梅子賞
２０１６年	〔受賞〕公益財団法人 立石科学技術振興財団　立石賞（特別賞）
２０１８年	ＩＢＭトーマス・Ｊ・ワトソン研究所へ転籍。 〔受賞〕アメリカ・Disability:IN John D. Kemp Leadership Award
２０１９年	「インクルーシブ・ナビ」のサービス開始。（１１４ページ） 〔受賞〕全米発明家殿堂（ＮＩＨＦ：National Inventors Hall of Fame）に殿堂入り（１３１ページ） 〔受賞〕アメリカ・知的財産権所有者（ＩＰＯ）教育財団　46th Inventor of the Year 一般社団法人　次世代移動支援技術開発コンソーシアム（ＡＩスーツケース・コンソーシアム）を設立。（１４６ページ） 〔受賞〕アメリカ盲人財団　ヘレン・ケラー功労賞

２０２１年	アメリカ・ピッツバーグ国際空港にてＡＩスーツケース・プロトタイプの実証実験。（１３９ページ） 日本科学未来館館長就任。（１６４ページ）
２０２２年	〔受賞〕一般財団法人 日本ＩＴＵ協会　特別賞 ＣＯＲＥＤＯ室町にてＡＩスーツケースの実証実験実施。（１５６ページ）
２０２３年	東京都との共同開催によるＡＩスーツケース屋外走行体験会実施。（１６７ページ） 〔受賞〕公益財団法人 大川情報通信基金 大川賞

著者略歴

浅川智恵子　ＩＢＭフェロー、日本科学未来館館長。日本語デジタル点字システムやホームページ・リーダーなど視覚障害者を支援するアクセシビリティ技術を開発し、２０１９年に全米発明家殿堂入り。現在はＡＩスーツケースの研究開発に取り組む。

坂元志歩　サイエンスライター。著書に『ドキュメント 深海の超巨大イカを追え！』『ドキュメント 謎の海底サメ王国』（ともに共著）など。

ハヤカワ新書　013

見《み》えないから、気《き》づく

二〇二三年十月二十日　初版印刷
二〇二三年十月二十五日　初版発行

著　者　浅川智恵子《あさかわちえこ》（聞き手）坂元志歩《さかもとしほ》
発行者　早川　浩
印刷所　中央精版印刷株式会社
製本所　中央精版印刷株式会社
発行所　株式会社　早川書房
東京都千代田区神田多町二ノ二
電話　〇三‐三二五二‐三一一一
振替　〇〇一六〇‐三‐四七七九九
https://www.hayakawa-online.co.jp

ISBN978-4-15-340013-9 C0236

未知への扉をひらく

「ハヤカワ新書」創刊のことば

誰しも、多かれ少なかれ好奇心と疑心を持っている。

そして、その先に在る納得が行く答えを見つけようとするのも人間の常である。それには書物を繙いて確かめるのが堅実といえよう。インターネットが普及して久しいが、紙に印字された言葉の持つ深遠さは私たちの頭脳を活性して、かつ気持ちに余裕を持たせてくれる。

「ハヤカワ新書」は、切れ味鋭い執筆者が政治、経済、教育、医学、芸術、歴史をはじめとする各分野の森羅万象を的確に捉え、生きた知識をより豊かにする読み物である。

早川浩

馴染み知らずの物語

滝沢カレン

お馴染みのあの名作が
「馴染み知らず」の物語に変身

ある朝、目が覚めたら自分がベッドになっていた——⁉

カフカの『変身』やカズオ・イシグロの『わたしを離さないで』など、古今東西の名作のタイトルをヒントに滝沢カレンさんが新しい物語をつむぎます。オリジナルを知っている人も知らない人も楽しめる一冊

ハヤカワ新書
003

現実とは？

――脳と意識とテクノロジーの未来

藤井直敬

「現実科学」という新分野を切り開く

「現実」って何？　この当たり前すぎる問いに、解剖学者、言語学者、メタバース専門家、能楽師など各界の俊英が出した八者八様の答えとは。あなたの脳をあらゆる角度から刺激し、つらくて苦しいことも多い「現実」をゆたかにするヒントを提供する知の冒険の書

ハヤカワ新書
004

教育虐待
――子供を壊す「教育熱心」な親たち

石井光太

子供部屋で何が起きているのか

教育虐待とは、教育の名のもとに行われる違法な虐待行為だ。それは子供の脳と心をいかに傷つけるのか。受験競争の本格化から大学全入時代の今に至るまでゆがんだ教育熱はどのように生じ、医学部9浪母親殺害事件などの悲劇を生んだのか。親子のあり方を問う。

ハヤカワ新書
005

脱優等生のススメ

冨田 勝

「自分らしい人生」をどう生きるか？

やりたいことで、やる価値があることなら、やらない理由がない。日本の旧弊な教育が強いる点数かせぎの罠を脱して、自分の「好き」を追求しよう！　山形県・鶴岡の地で次世代のイノベーターを数多く輩出する慶應大先端研の初代所長が説く「脱優等生」的生き方

ハヤカワ新書
007

ChatGPTの頭の中

スティーヴン・ウルフラム

稲葉通将監訳

高橋 聡訳

サム・アルトマン（OpenAI CEO）絶賛！

「最高の解説書」

人工知能チャットボット「ＣｈａｔＧＰＴ」の知られざる仕組みと基礎技術について、自らも質問応答システムの開発に携わる理論物理学者が詳細に解説。今も進化し続ける生成ＡＩの可能性と限界、そしてＣｈａｔＧＰＴの内部で解明が進められている「言語の法則」とは？

ハヤカワ新書

009

原爆初動調査
隠された真実

NHKスペシャル取材班

今なお続く「核の時代」を考える上での必読書

広島と長崎でアメリカ軍が戦後行った「原爆の被害と効果」の大規模調査。残留放射線が計測され、科学者が人体への影響の可能性を指摘したにもかかわらずなぜ事実は隠蔽されたのか。2021年に放送後大きな反響を呼んだ「NHKスペシャル」に新情報を加え書籍化。

ハヤカワ新書

012